敬请恩师侯宝聪教授斧正，

卞文良 2008.9.14

现代物流网络理论丛书
总主编/鞠颂东
顾　问/徐寿波
社会科学文献出版社
SOCIAL SCIENCES ACADEMIC PRESS (CHINA)

总主编/鞠颂东
顾　问/徐寿波

卞文良/著

物流信息网络：构建与运作

LOGISTICS INFORMATION NETWORK: Establishment and Operation

社会科学文献出版社
SSAP
SOCIAL SCIENCES ACADEMIC PRESS (CHINA)

图书在版编目（CIP）数据

物流信息网络：构建与运作/卞文良著．—北京：社会科学文献出版社，2008.9

（现代物流网络理论丛书）

ISBN 978-7-5097-0273-4

Ⅰ．物…　Ⅱ．卞…　Ⅲ．计算机网络-应用-物流　Ⅳ．F253.9

中国版本图书馆 CIP 数据核字（2008）第 099178 号

本专著得到

教育部博士点基金（20060004012）

北京交通大学科技基金（2007RC051）资助

北京交通大学基础产业研究中心

总序一

我国对物流的管理分属铁道、交通、民航、商务、海关等众多部门，这些都是物流服务资源提供部门。物流管理体制上的条块分割、部门分割、地区封锁造成的物流资源的分散、重复建设，会阻碍现代物流的健康发展。对物流的研究应该从基础理论开始，以便解决物流发展中的这些实际问题。

鞠颂东教授带领团队开展的现代物流网络理论研究，根据我国“大物流 MF”物流基础理论，从物流网络理论研究入手，在解决物流资源的整合与共享问题上做出了创新性的研究成果。

物流网络是一个涉及人、机、组织、环境的复杂网络，随着经济的快速发展和信息技术的不断进步，物流瓶颈及其管理问题日益突出，直接影响国家的经济建设和企业的经营。要解决物流网络问题，必然要综合运用社会科学、自然科学的方法和技术手段；要考虑物流基础设施网络、物流信息网络和物流组织网络之间的相互关系；要考虑物流网络各个节点之间的相互关系等重要问题。现代物流网络理论对于物流规划、物流设计、物流建设、物流管理和物流研究都是十分重要的。

“现代物流网络理论丛书”的各本专著将陆续出版，反映了鞠颂东教授带领团队在物流基础理论研究上的有益探索，对于物流企业界的同行也不愧为指导实务的一套好书。

中国工程院院士　徐寿波

2007 年 8 月

总序二

各国物流业的发展历史证明，现代物流业是随着经济的全球化与网络技术的发展而发展的，是与一个国家的工业化水平、信息化水平协调一致的。中国的现代物流业经过近 20 年的起步，从“九五”开始，特别是进入“十五”以后，有了较快的发展。目前中国的现代物流业已迈过起步期，进入快速发展期，现代物流业已成为中国国民经济发展的重要产业，是进入 21 世纪中国经济发展的“加速器”。

物流已不再是讲台上的演说，而是一种伟大的实践。这种实践，以不可阻挡之势横扫中国大地。物流业是服务业的一个重要组成部分，是一个新兴的复合型产业。物流企业家勇于实践，物流理论界不断探索，开拓了中国物流发展的康庄大道。大家期盼的市场导向、政府推动、企业运作、行业自律的局面正在形成，中国人的创造力在物流业的发展中得到了活生生的体现。

我每年都要给物流理论界提出一些题目，中国物流理论一年比一年进步，研究的领域越来越广，研究的问题越来越深，研究成果的水平越来越高，研究人员的队伍越来越壮大，涌现了一批著名学者，这是可喜可贺的事情。但要指出的是，中国在物流理论的研究上缺少创新，缺少自主知识产权的研究成果，突破性的理论不多。

中国物流理论研究要坚持理论与实际相结合，坚持产学研相结合，坚持国内外相结合。物流产业是物流资源产业化而形成的一种复合型或聚合型产业，物流资源有运输、仓储、装卸、包装、流通加工、配送、信息平台等。运输又包括铁路、公路、水运、航空、管道。这些资源产业化就形成了运输业、仓储业、装卸业、包装业、加工配送业、物流信息业等。这些资源分散在多个领域，包括制造业、农业、流通业等。目前在国内外，已实实在在地形成了一种看得见、摸得着的物流服务业，形成了一种空间点线面布局与一体化服务功能相结合的网络型产业。现代物流网络理论的研究是中国物流业发展期必然要碰到的问题，也是一个全球性问题。

鞠颂东教授带领他的研究团队对现代物流网络理论的研究，在对产业化的物流资源加以优化整合、使物流资源发挥“1+1>2”的功效方面，将发挥出极大的理论指导作用。“现代物流网络理论丛书”的出版是对物流理论研究的一个重大贡献，是在创新物流理论、取得我国拥有自主知识产权的研究成果和突破性理论道路上的大胆探索，开辟了物流理论和物流实践研究的一个全新的领域。

中国现代物流业的前景阳光灿烂，中国现代物流业的发展任重而道远，我们这一代物流人肩负着历史的重任。让我们张开双臂去拥抱中国物流业发展的春天！

中国物流与采购联合会
中　国　物　流　学　会　首席顾问　丁俊发

2007 年 8 月

前　言

社会对于物流业的重视程度逐步提高，物流网络已经成为企业追求“第三利润”的最佳选择。物流网络是一个错综复杂的巨型系统，如何合理地建设和管理，是摆在我们面前的一大难题。信息系统的超强控制能力和惊人的效率，让人们仍然无法预测它给人们带来的益处。

现代物流是一个包含设施设备、人员组织、业务往来、技术、资金的综合体，通过四通八达的信息网络，结合高性能的计算机技术、网络技术，将传统的物流活动实时、可视、灵活、有机地呈现在人们面前，能够直接指导运作，帮助决策。因此，现代物流业的形成离不开物流业信息网络的支持。同样，现代物流业的发展也必须借助物流信息网络。物流业服务于国民经济各行各业，对于服务质量的要求也随着各行业的进步而逐步提高。当被服务的行业在网络化、信息化的道路上驰骋的时候，作为先行者的物流业必须首先建立起完善的物流信息网络。没有一个现代化的物流网络，根本不可能满足这些物流需求。物流网络的现代化，在某种意义上说就是物流网络的信息化。

《物流信息网络：构建与运作》以物流网络中的物流信息网络为主要研究内容，在高性能网络环境不断发展的背景下，围绕物流信息网络的构建、模型分析和运作管理等问题进行讨论，在新的时间断面上系统研究物流信息网络构建和运作中面临的问题，探索其发展规律并提出切实可行的解决方案。

全书按照提出问题、分析问题和解决问题的一般逻辑分为五大部分。第一部分介绍了物流信息网络研究环境。包括物流信息网络研究的经济背景、技术背景，以及相关的研究基础（第一章、第二章）。第二部分研究的是基于网格的物流信息网络的体系构建。本部分在网格思想、网格技术的支持之下，提出了新的物流信息网络设计框架（第三章）。第三部分运用复杂网络理论从模型的角度分析了前一部分构建的物流信息网络在网格环境下运作的合理性和高效性（第四章）。第四部分则是对物流信息网络在新环境下运作管理的探索。本部分归纳、总结了物流信息网络运作管理的基本理论方法及其实施策略，并基于复杂网络模型和委托—代理模型对运作管理中的网络控制和信息激励机制策略两个典型问题进行了深入的分析（第五章）。另外，本部分对物流信息网络应用的模式以及应用中应注意的问题也作了简要论述（第六章）。最后的第五部分是全书的总结和对后续研究的展望（第七章）。

在物流理论和实践不断发展的大背景下，物流信息网络的研究已经涉及一个多学科交叉的领域，新问题不断涌现。目前，国内外相关研究的资料比较稀少，本书研究的挑战伴随着对理论创新的努力追求接踵而至。但是，由于作者学识有限，疏漏和不当之处在所难免，恳请各界朋友批评指正。

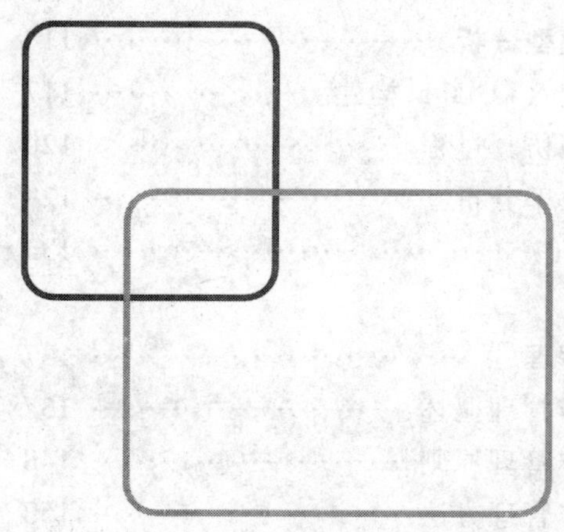

目　录

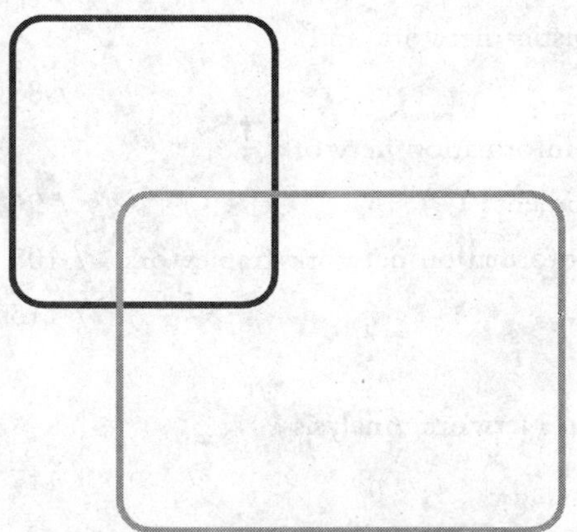

Contents

第一章 物流网络中的物流信息网络

马克思在谈论劳动协作时曾经说过："通过协作不仅提高了个人生产力，而且是创造了一种生产力，这种生产力本身必然是集体力"[1]，同时他还提出"各种经济时代的区别，不在于生产什么，而在于怎样生产，用什么样的生产资料生产"[2]。网络时代的协作尤其是以信息为媒介的网络型协作正革命性地改变着整个社会生产、生活的各个方面。以网络为背景的现代物流正经历着这一重大变革，物流信息的网络效应也随着人们对信息资源的不断重视与卓有成效的应用而日渐明显。

第一节 物流信息网络问题的提出

一 现代物流发展的背景

（一）现代物流概念的发展

对人类而言，物流是一个历史悠远而又焕发着蓬勃生机的命题。

如果要探究物流概念的起源可以追溯到人类历史的早期。那时的人们虽然没有物流的概念，但是却从事着具体的物流活动。从农业文明的"春种秋收，夏管冬藏"到战国纷争的"兵马未动，粮草先行”……人类历史长河中的物流可谓源远流长。然而，物流又是一个全新的概念。在无数次物流活动之后，人们不禁思考着这些活动中的规律，经过不断地抽象和总结，人们最终得出了物流的概念。普遍认为系统完善的物流概念产生于20世纪的第二次世界大战期间，它代表的是使军需物资供应快速而合理进行的活动。

1901年约翰·克罗威尔（John F. Crowell）在为美国政府提供的《Report of the Industrial Commission on the Distribution of Farm Products》[3]中首先研究了物流问题。从1905年美国少校琼西·贝克（Chauncey B. Baker）提出了与军备物资的移动与供应相关的战争艺术分支就叫“物流”开始，直至1985年美国物流管理协会（CLM）用“Logistics”代替了传统的“Physical Distribution”，人们逐渐将物流研究的视角从局限于物资流通领域开始延拓到整条供应链以及更广阔的空间。

根据何明珂教授对美国物流定义的总结，对于物流的认识可以初步归纳为四大派别：管理派、工程派、军事派、企业派，而最有影响力的是管理派。管理派中以美国物流管理协会最具代表性。1963年该协会对物流管理（Physical Distribution Management）的定义为：物流管理是为了计划、执行和控制原材料、在制品库存，及制成品从起源地到消费地的有效率的流动而进行的两种或多种活动的集成。这些活动可能包括但不仅限于：顾客服务、需求预测、交通、库存控制、物料搬运、订货处理、零件及服务支持、工厂及仓库选址、采购、包装、退货处理、废弃物回收、运输、仓储管理。

2003年美国物流管理协会对物流定义的内涵是：物流管理是供应链管理的一部分，是对货物、服务及相关信息从起源地到消费地的有效率、有效益的正向和反向流动和储存进行的计划、执行和控制，以满足顾客要求。该定义将人们对于物流概念的理解推广到了供应链领域。

20世纪70年代末，物流概念由日本传入中国。日本当时的物流来源于美国的“实物配送”（Physical Distribution）概念，基于此，中国物流学者根据本国的实际情况相继提出了对物流的理解。其中金若楠等在《现代综合物流管理》中对于物流的经济属性和社会功能作了这样的概括：“物流是泛指物资资料实体在进行社会再生产过程中在空间的有目的的流动过程，它联结生产与消费，使货畅其流，物尽其用，促进生产不断发展，满足社会生产消费需要。”[4]之后，中国物流术语标准对物流的定义也作了相应阐述[5]。它是参考了美国、日本的物流定义，又充分考虑了中国物流的发展而提出的。物流“是物品从供应地向接受地的实体流动中，根据实际需要，将运输、储存、装卸、搬运、包装、流通加工、配送、信息处理等功能有机结合起来实现用户要求的过程”。

物流作为一门新兴学科，随着其研究领域的深入以及相关理论的创新，物流概念也不断发展。各种不同定义、不同术语相继出现的现象，是任何一门学科在其发展历程中所常见的，物流学科也不例外。

（二）现代物流发展环境分析

现代物流往往需要商流、资金流、信息流协调配合进行，而供应链系统中的物流更是需要制造商、供应商、批发商和零售商按照供应链共同的目标来运作实施。现代物流在影响周围环境的同时也极大地受到外部环境的制约。

政府、社会对于物流发展的重视程度日益提高。在国际上，物流作为新兴的服务产业被认为是国民经济发展的动脉，是继企业降低原材料消耗、提高劳动率之后的“第三利润源泉”，物流所带来的社会效益和经济效益极大地坚定了人们对于不断发展现代物流产业的认识。各国政府从战略高度确立了发展物流的优先位置，发展物流业已经成为世界各国国民经济发展和社会发展中一项重要而又迫切的任务。以中国为例，2004 年，国家发改委、商务部等九部委联合发布了《关于促进我国现代物流业发展的意见》，2005 年，经国务院同意，全国现代物流工作部际联席会议制度正式建立，并组织召开了首次全国现代物流工作会议；2006 年 3 月，在全国十届人大四次会议通过的《国民经济和社会发展第十一个五年规划纲要》中，第四篇“加快发展服务业”里单列一节“大力发展现代物流业”。这在历史上从未有过，也标志着现代物流作为产业的地位在国家层面得到确认，说明了现代物流发展所具有的良好宏观政策环境。2007 年 3 月，《国务院关于加快发展服务业的若干意见》指出，提升物流的专业化、社会化水平，大力发展第三方物流。2007 年 11 月，中国共产党第十七次全国代表大会提出“发展现代服务业，提高服务业比重和水平”。2008 年，《全国现代物流业发展规划》将出台，政府有关部门必然加大对物流业的政策支持。加快推进物流业发展，已经成为中国经济的发展战略和基本政策。

长期以来，物流服务的最终用户对于物流发展的呼声最为强烈。从企业角度讲，企业的管理经历了一个从企业内部一体化发展到外部一体化的转移。在企业规模不断扩大的过程中，作为理性的市场主体以追求最大利润为目标的企业对于自身的物流业务的管理势必也经历相同的过程。企业环境的变化使得物流发展从最初的企业内部的功能物流管理、综合物流管理发展到内外联合的供应链物流管理、网络物流管理。随着企业专业化分工的进一步深化，企业更加专注于自己的核心业务，众多的生产企业、销售企业物流业务外包的趋势日益明显，物流市场需求进一步释放。同时企业在世界经济全球化的浪潮中逐步认识到企业组织间的分工协作，实现稳固的战略联盟的重要性，物流企业已经成为企业链条上不可或缺的重要一环。在这样的市场环境下，以第三方物流为代表的现代物流业迎来了一个新的发展契机。然而，为了满足终端用户物流需求的个性化发展趋势以及直销、电子商务等新兴商业模式追求所谓的“一站式服务”，传统的物流服务已经不能很好地胜任，现代物流应运而生。因此，可以断言，在这种挑战性的环境下现代物流将被推向更加专业、及时、柔性的发展轨道。

另一方面，科学技术的飞速发展极大改善了物流发展的硬件环境。众所周知，计算机技术、互联网技术等技术手段的突飞猛进，标志着人类进入一个崭新的信息时代。同传统行业一样，信息科技的发展也为现代物流的发展带来了前所未有的机遇。中国外运股份有限公司总裁张建卫认为：“信息技术将传统上分离的运输、仓储、配送、包装、加工等物流环节整合成一个整体，保证物流管理者能详细了解物品在流动过程中的位置、数量和路径，保证物流成本的降低。”此外，电子数据交换（EDI）、无线射频技术（RFID）、电子订货系统（EOS）、企业资源计划（ERP）系统等的成功应用不仅为企业节约物流费用，还引起了物流流程和物流系统的结构变革，更带来了服务的增值。网络技术的发展，也使得物流企业与其他企业的联合变得更加可行。原来仅停留在理论研究层面的虚拟企业（Virtual Enterprise）、动态联盟（Dynamic Alliance）[6][7]的概念，由于分布式数据库技术、无线通讯技术、动态组网技术的出现，现在已经变成现实。更多的物流企业参与到这样的联盟，便形成虚拟物流企业。从资源整合的角度来说，它大大提高了物流运作的效率，为满足动态变化的用户需求提供了可靠的技术支持。

物流科学的研究发展又不断充实着现代物流理论的基础，而且为现代物流指明了科学的发展方向。进入20世纪80年代以后，世界各国的物流研究蓬勃发展，研究内容更加深入、务实，从指导物流运作到规划物流发展，不断发展的物流理论为物流实践中遇到的各种难题提供了科学的工具。目前，科技成果的转化周期日益缩小，物流研究成果借助缜密的理论分析和计算机仿真模拟技术可以很快地应用到物流实践中去，不断创造着惊人的效益。

对比美国、欧洲、日本等发达国家和地区，中国的物流发展环境处于相对劣势。首先，由于中国物流理念的引入较晚，受到长期计划经济形成的思维模式以及政府、企业、部门改革历程等多种因素影响，从思维理念和政策管理的角度来说中国物流发展的软环境现状的改进需要一定时间。另一方面，中国的物流技术受到整个国民经济发展水平的影响，物流产业还处于初期发展阶段，存在着诸如基础设施薄弱、物流作业效率低下、现代化程度低、管理水平整体不高等问题。但是，从另一个角度来看，中国现代物流的发展具有一定的后发优势。物流业发达国家先进的物流管理经验和技术对于整个世界现代物流的发展来说是一笔宝贵的财富，这些国家发展的经验能帮助中国的现代物流少走弯路，快速健康发展；在先进技术应用方面，中国和这些物流发达国家也是处在同一起跑线上的。因此，在中国现代物流发展的研究中，需要同时考虑全球物流业发展的优越环境与中国物流业发展的现状。

二　物流信息网络的定位

物流信息作为物流网络的中枢神经在物流运作中起着至关重要的作用。一方面信息作为物流活动的输入，可以起到联系物流各相关环节的作用；另一方面，物流活动自身反馈的信息可以帮助校准物流管理的坐标，有助于物流系统效益的最大化。

物流信息化建设的长足进展，推动了物流系统的变革，而物流信息化自身则需以物流信息网络化为发展方向。无论是企业的物流信息系统建设，还是各级政府和管理部门物流信息化建设的推进，都是以缩短本区域物流渠道和增加物流通道透明性为直接目的的。但是由于物流业务本身的时空跨度巨大，因此带有区域局限的物流信息化建设难免将造成物流信息资源的“割据”状态。面对这一挑战，物流信息化需要谋求一个更加广泛、丰富和稳定的信息网络的发展。物流信息的网络化是信息化建设的进一步升级。一方面，物流信息网络化是以优化实际存在或者虚拟的物流网络为目标，以信息共享驱动网络资源共享，可以说它是一种指导、管理信息化建设的上层思想。另一方面，物流信息化建设发展至今已经取得了较大成果，但是现有的物流信息网络不仅需要进一步健全，还需要及时地合理整合。事实证明，物流信息网络化可以对当前物流信息化现状提出整体的下层技术解决方案。

物流信息网络化发展需要科学的理论支持，并以物流信息网络为其发展的最终目标。如何合理、高效地利用物流信息为整个物流过程服务？科学的分析、设计是基础，强大、可靠的技术支持是条件，切实可行的目标是发展的关键。首先，人们可以借助计算机技术、复杂网络理论进行模型探究和分析，以科学的论证为依据实施物流信息化、网络化建设。特别地，理论模型应充分考虑未来互联网络的发展，使得最终的物流信息化过程能适应不断变化的网络环境。为适应新兴的网格环境，网络的构建将吸纳更加先进的资源共享思想，以及大范围互操作和分布式管理的技术。其次，物流信息化过程需要明确近期的建设目标和远期的战略目标。前期的研究、规划和后期的建设、实施过程中，物流信息化之路应沿着规范化、标准化、网络化的道路循序渐进，最终建设成一个能够掌控物流网络全局、兼顾现状与发展的完善的物流信息网络。

物流信息网络是物流信息化的产物，也是整个物流网络有机体的重要组成部分。现实中的物流网络是一个多层次、多维度的有机整体，各部分的彼此联系错综复杂。其中物流实体资源、物流组织机构、物流信息、物流环境等都是这个网络的重要组成部分。这样就形成了相对独立却又密切联系的物流基础设施网络、物流组织网络以及物流信息网络等物流网络的子网络。区别于其他子网络，物流信息网络比较明显地与其他网络不在同一个层次，应该说它为物流网络的内外联合提供了一个新的空间维度。每一个子网络都将产生信息，也离不开信息。它们需要借助信息传递与交换获取更多的资源，物流信息网络为这种信息沟通提供了条件。通过主动型的物流运作指令信息和被动型的决策参考信息，物流信息网络活跃于物流网络各个层级。更令人吃惊的是，在某种特殊情况下，物流信息网络还能完成其他网络的工作，例如实际的物资流转、环境的设置等，在网络虚拟社会不断进步的现代社会，可以预计物流信息网络的功能还将继续扩大。另一方面，物流信息网络的功能实现需要倚靠物流网络各子网络功能的健全。没有基础设施的准备，没有组织的协调，没有相关政策的支持，物流信息网络将成为“无源之水，无本之木”，虽然可以“天马行空”，但是始终无法“脚踏实地”。

三 物流信息网络研究的意义

物流信息极大地影响着全体物流组织者的决策，通过这些决策又控制着所有物流基础设施资源的使用。由此看来，在物流领域完全可以套用一句广告语——“信息使资源无限”来形容物流信息的作用。现代物流管理以最大范围整合资源、利用资源为目的，因此需要大量物流信息的支持。

当今世界，信息资源数量高速膨胀的同时，其利用率却不断下降。物流信息资源同样也存在着这样的悖论，各企业物流信息化建设不仅增加了物流信息资源的数量，但是也增加了企业间物流信息共享的难度。这样的困境使得企业的 CIO（首席信息官）们一筹莫展。如何解决这一矛盾？物流信息网络化的发展也许能让人们看到希望的曙光。

物流信息网络化能够将浩如烟海的数字化的物流信息分散存储，并行调度，解决了局部处理信息资源能力不足的问题，实现了物流信息资源的“化整为零，分而治之”；安全通透的网络结构，动态多层次的物流信息网络管理，将网络的“触角”深入到企业内部的网络，甚至尘封已久的“信息孤岛”。理论上完全可以做到让物流信息资源“疏而不漏”，“一网打尽”，从而确保其利用率的提高。

物流信息网络化过程是物流信息网络研究的重点，为了说明物流信息网络研究的意义，需要明确以下几点。

（一）物流信息网络化发展的必要性

物流信息网络研究的重要性首先来源于物流信息网络化发展的必要性。

社会信息的网络化发展趋势要求物流信息网络化同步发展。截至 2005 年年底，全球互联网用户人数达到 10.8 亿人，比 2004 年增加了 1.5 亿人。根据中国互联网络信息中心（CNNIC）第 19 次中国互联网络发展状况统计报告显示，截至 2006 年 12 月 31 日，仅中国的网民总人数就达到了 13700 万人，比 2005 年同期增长了 23.4%。在 5940 万台上网计算机中，通过宽带接入互联网的计算机数为 4120 万台，占 69.4%。调查还显示，中国网站数约为 84.3 万个，年增加近 15 万个。其中网页总数有 44.7 亿个，网页字节总数为 122306GB，分别比上年增长了 86.3% 和 81.7%，互联网信息资源大幅增加，网上内容日益丰富。据国外媒体报道，长期从事咨询与研究的 eTForecasts 公司预计，未来五年全球互联网用户人数将再增长一倍，达到 20 亿人[8]。对于步入新世纪的人类来说，刚刚触到信息化的浪尖，网络化的巨浪又接踵而至。在知识经济时代，信息、知识、技术在世界经济发展中的贡献将越来越大，然而企业组织由于受到自身资源的限制，获取信息、知识、技术的边际成本也将越来越高。以互联网为代表的社会信息网络化发展为经济发展提供了廉价的资源库，资源约束将得以彻底解除。生产制造业、商贸服务业、电子商务等的虚拟化、集成化和网络化发展已经对物流信息服务提出了新的要求，而如何满足这些行业的要求，无疑是个严峻的挑战。

新型商业运作模式要求物流信息网络化。社会网络化进程推动了电子商务（E-Commerce）的成熟，在网络普及的大好形势下，电子商务取得了飞速发展。然而，近年来由于物流配送服务导致的“瓶颈”极大地制约了其发展。究其原因在于各电子商务企业不能独立提供物流配送服务，而受聘的物流企业由于地域和规模的局限也不能提供客户满意的服务。在这种不确定性强、时空跨度大的新需求面前，凭借单个物流企业的信息系统调度资源来完成物流服务往往困难重重。只有将这些信息系统、信息平台联合起来，共同为这些“特殊客户”服务，才能达到目的。可以说电子商务“物流瓶颈”的关键在于物流信息网络的建设。随着市场竞争的加剧，新的管理思想与理念不断产生，供应链管理（SCM）、客户关系管理（CRM）、供应商管理库存（VMI）也为大多数企业所接受。在新思想的指导下，物流活动从被动变为主动。另一方面，一般的企业也需要根据市场信息来合理安排库存和配送，以及提高对客户需求的响应时间。随着企业业务规模的扩大，与企业合作的供应商、制造商、客户等大量增加，供应链变得纵横交错，这样需要为之服务的物流信息能够从多维角度来协调和控制，才能有效避免需求放大、供求不平衡等不良影响。

物流业全球化竞争需要以物流信息网络化为后盾。国际社会分工和世界市场的形成使企业全球化竞争日益激烈，企业之间的竞争不仅突破了组织边界，而且冲出了国界。物流企业由于对世界经济全球化进程显著的支持作用，在全球化竞争中独树一帜，具有举足轻重的战略地位。随着服务对象的全球化发展，全球化的物流企业服务范围也随之扩大。如 UPS（美国联合包裹服务公司)、Fedex（联邦快递)、DHL（敦豪)、TNT（天地）等全球国际快递企业都已经通过自建转运中心，或与当地物流企业合作等方式将自己的业务网络在世界各地延拓。以 UPS 为例，该公司已在全世界建立了10 多个航空运输的中转中心，在200 多个国家和地区建立了几万个快递中心。在这些跨国物流企业发展过程中实现公司物流信息网络与当地物流信息网络的对接是一项具有决定意义的工作。物流企业的全球资源配置能力是决定其国际竞争力的关键，而物流信息网络的对接是物流网络资源全球配置的重中之重。所以，物流信息网络化将使得物流企业全球化资源配置能力实现质的飞跃。

（二）物流信息网络研究具有现实意义和理论价值

关于物流信息网络研究的现实意义和理论价值，下面将从物流信息网络在物流信息化发展中的作用以及对适合中国国情的物流信息化建设的贡献两个方面进行论述。最后，还将以本书所涉及的内容为中心，说明物流信息网络研究的意义和价值所在。

物流信息的网络化发展是信息化建设的进一步升级。一方面，物流信息网络化是以网络为形式和手段的，以实现对实际存在的或者虚拟的物流信息资源的优化配置为目标，以信息驱动物流网络资源共享，是信息化在新的网络环境下发展的产物。局部的物流信息化，实现了企业内部资源的高效利用，但是仍然不能摆脱企业资源总量的限制。物流信息网络化，通过网络信息共享使物流信息资源的来源从“点”发展到“链”，又由“链”延展到“面”、到“全空间”，不仅能够为该企业而且能够为社会物流运作提供取之不尽、用之不竭的信息资源甚至实体资源。物流信息网络化是使物流信息化可持续发展的必备属性。所以，在信息化建设的同时适时推进网络化建设，能够从宏观上把握整个物流信息网络的发展趋势，使整个系统从一开始就能在较广阔的空间中合理配置资源和优化运作，确保了物流网络的健康可持续发展。

另一方面，物流信息化建设发展至今已取得了部分成果，但是现有独立存在的物流信息网络需要完善的同时更需要合理整合，物流信息网络化则是针对当前网络现状提出的下层技术解决方案。由于历史的原因，许多企业、部门的物流信息化建设因缺乏严格的标准和统一的规划，导致所建立的与物流信息相关的各类系统普遍存在自我封闭、拓展性和兼容性不强的缺点。面对数量众多的“信息孤岛”，物流信息网络化可以借助现代计算机技术和网络技术给出一个满意的解决方案。如针对企业内部的 EAI（Enterprise Application Integration）和企业之间的 B2Bi（B2B Integration）等网络解决方案，以及 Web Services 技术、网格技术的应用等，这些底层网络信息技术帮助物流信息网络化实现的过程也是物流信息网络化进程的一部分。

物流信息网络化发展的途径有两种发展模式。一种是自上而下的对物流信息化建设重新进行有目的的全局网络规划；一种是自下而上的推动物流信息化发展向网络化阶段自然过渡。同一般的自然或人工系统的发展一样，由于主体所固有的个体行为模式以及与其他个体和周围环境的适应性交互等的共同影响，物流信息节点势必向适应网络环境的方向发展，自然而形成了物流信息网络。因此，自下而上的物流信息网络化发展是可行的。实践证明局部的、孤立的物流信息化发展由于资源的限制是没有前途的，必将被适应性强的网络形式所替代。而只有通过网络信息资源开放发展起来的物流信息网络，才能实现网络环境下物流信息化发展的目标。物流信息在实现控制协调物流过程、缩短物流渠道、增加流通透明度、优化物流绩效以及促进物流系统管理等方面成绩斐然，受到了极大的重视。物流信息、物流信息网络的研究在这种背景下相继开展，由于其潜在的作用，从研究的初期就成为企业界和学术界共同关注的焦点。网络时代的到来已经使越来越多的人认识到：利用先进的网络基础设施条件，吸纳信息资源管理思想，结合科学的分析工具对物流信息网络进行深入探索，不仅将有利于物流信息化的发展，也将使物流理论研究能够跟上技术的步伐，适应未来网络环境发展的需要。

物流信息网络的理论与实践深刻地影响着中国物流信息化建设。

中国物流信息化建设起步较晚，但是发展速度和发展前景较好。尤其是近几年，随着加入 WTO 以后对外开放的步子加快，中国物流信息化发展正进入一个加速发展的时期。从物流信息市场规模和投资结构来看，2003 年中国物流行业 IT 应用总体市场规模为16.3 亿元，比2002 年增长18.1%。其中有11.9 亿元投入在硬件产品的采购上，占 72.8%；软件产品 3.2 亿元，占 19.6%；信息服务产品1.2 亿元，占7.6%[9]。

《2005 年中国物流信息化调查报告》的数据显示，企业物流信息化意识不断增强，市场潜力巨大。主要表现在三个方面：一是企业网站已广泛应用，成为企业物流信息化的主要手段和企业形象的宣传工具。根据调查结果，所调查的166 家企业中78.2%的企业建立了企业网站，准备建立的为9.2%，两项合计为87.4%。二是大约50.9%的企业具有独立的 IT 部门。三是大部分企业建立了内部局域网。在已建信息管理系统的企业中，其中86%建立了内部局域网，建立了广域网的大约占30%，二者都有的占17%[10]。据估计，目前已实现信息化的企业有63.4%是外包给专业的物流信息化提供商。这一比例仍将随着企业信息化战略的进行而不断上升。对于未实现信息化的物流企业也有一半准备实施信息化，已有物流信息系统的企业也将着手升级换代，未来市场潜力很大。

从以上数据也很容易看出中国物流信息化建设中存在的不足。首先，信息化层次较低，大部分企业仍处于物流信息化的初级阶段。大部分的信息化投资主要还是集中于硬件设施的投入上，对于软件产品、信息服务产品的投入严重不足。这样的物流信息化只是基础信息化，没有完全体现出信息化的优势。而且这样的趋势延续下去将会导致重复性的建设投入和资源浪费，物流信息服务将一直在低水平徘徊。

其次，物流信息化成果整合难度大。企业物流信息支柱——信息数据库的整合比例低。数据显示，在数据库应用中，采购、库存部分整合比例最高，但也仅有43.7%～54%；订单管理和客户关系管理整合的比例不足40%；供应商评估、运输、配送整合的比例尚不足30%。而且与合作伙伴或上下游企业实行系统对接的比例也很低。根据调查，只有订单系统对接的比例超过60%；运输配送系统对接比例不足35%，库存系统、共用操作平台和数据库共享对接的比例分别仅有24.6%、24.6%和21.7%[10]。

再次，企业缺乏物流信息战略性发展的环境。在相当长的一个时期内，企业在物流信息化方面关注的仍是在规范流程中实现信息的采集、传输、存储、共享，和建立依赖于信息、数据的控制机制。这些还只是停留在物流信息的基本功能上面。在供应链管理、客户关系管理、分销管理与市场预测等方面需要利用更多的物流知识和物流智慧，而目前的物流信息化在战略决策层面的应用还十分有限。企业信息化目光的短视现象不仅与企业经营意识有关，还与社会环境和政策因素有关。目前国家所能提供的物流信息平台、物流信息网络还不足以解决在保证企业安全的前提下便利地进行资源整合的问题。相关的法规和市场规范还难于在短时间内健全，市场培养也需要逐步进行。

物流信息网络所研究的对象实际上就是面向大量的资源分散、“条块分割”的物流信息系统。对于中国物流信息化建设而言，就是要以物流信息网络的资源共享解决基础信息化建设中的重复投入问题，以合理高效的网络架构、分布并行技术和标准化的接口方法将分散的应用汇集起来，实现协同和互操作。同时，物流信息网络将建设成为物流活动的信息基础环境，它既是企业的信息网络也是社会的信息网络，通过宏观的监督管理，高效的物流信息服务模式将会成为物流信息网络的主流。所以，中国物流信息网络的全局健康发展不仅将很好地影响企业信息化的发展战略，还将推动国家信息化建设的进程。

本书以物流信息网络为研究对象，充分考虑外界服务需求和技术环境的影响，提出一整套物流信息网络相关问题的解决思路，希望对于有关物流信息网络乃至整个物流网络的认识与实践提供有价值的见解。结合研究内容，全书的主要价值体现在以下三个方面：

（1）通过对适应网格环境的物流信息网络构建、分析及运作管理的研究，系统地建立物流信息网络研究领域的理论架构，丰富了物流网络理论体系和现代物流管理理论与方法。

（2）通过对物流信息网络构建及模型分析的研究，从技术框架以及严密的理论分析、数学模型的角度，阐述了物流信息网络管理模式的合理性和有效性，不仅为企业、社会的物流信息化建设、网络化决策提供参考，也为政府部门物流信息化策略的实施提供理论支持。

（3）通过对物流信息网络运作管理的研究，能指导企业、政府网络环境下的物流信息管理实践，促进以物流信息为导向、以物流信息资源为基础的全社会物流资源的有效整合和利用，提高物流网络管理水平和运营效益，从而促进现代物流业的快速发展。

第二节　相关概念的界定与分析

一　分析前提

全书的分析前提可以概括为以下三点。

（一）理性人假设

在新古典经济学的传统中，“理性人”假设对应于经济学中的“经济人”假设。它具有三个基本特点：知识是完备的；价值观或需求是一致的；择优的，即面对一个决策问题，能对知识系统进行遍历搜索，制定出无遗漏的方案集，并在所有方案中进行全面比较。西蒙称这样的理性为“客观理性”。

设 V 为目标，A 为被选对象集，$a \in A$ 为任意被选对象，$U(a)$为 a 的效用函数，C 为所有的约束条件，这里可以理解为人类已知的所有知识或信息的总和，则“客观理性人”的决策过程可以表示为：

$$V = \max_{a \in A} U(a) \quad \text{s.t.} \quad C \tag{1-1}$$

“有限理性人”假设是西蒙于1960年提出的，他认为现实人不可能达到“客观理性”。也就是说，式（1-1）中的约束条件 C 发生了变化，应记为 C'，表示决策者所持有的知识或信息。决策过程可以表示为：

$$V = \max_{a \in A} U(a) \quad \text{s.t.} \quad C' \tag{1-2}$$

本书在研究中采用“有限理性人”的假设。

（二）信息不对称

2001年，瑞典皇家科学院把诺贝尔经济学奖颁发给了通过对“信息不对称”（Asymmetric Information）现象的研究为市场经济理论奠定基础的三位美国经济学家——阿克尔洛夫（George Akerlof）、斯宾塞（Michael Spence）和斯蒂格利茨（Joseph Stiglitz），以表彰他们自20世纪70年代以来，在“使用不对称信息进行市场分析”领域所作出的重要贡献，形成了现代信息经济学的核心。这一事件足以说明信息不对称研究的重大作用。信息不对称理论是微观经济学的基础，它是“信息不完全”的一种表现形式，用来说明在不完全信息市场上，相关信息在交易双方的不对称分布对市场交易行为的影响，以及由此而产生的市场运行效率问题。信息不对称概念源自于阿克尔洛夫于1970年提出的信息非对称论，表述为市场中的交易主体之间的信息分布是不均匀的，通常卖方拥有较完全的信息而买方拥有不完全的信息，因此卖方在与买方的博弈中处于优势地位。

信息不对称可分为两种情况：一种情况是在市场交易中，交易一方与交易另一方相比，对于交易对象或内容是否拥有相等的信息，如果拥有相等的信息，则属于信息对称，如果拥有的信息不相等，则属于信息不对称；另一种情况是经济主体或行动主体在进行经济决策时，是否拥有作出最优决策所需要的全部信息，如果拥有则属信息对称，如果不拥有则属信息不对称。前一种情况称为外部的信息不对称，后者称为内部的信息不对称。

在组织边界存在的市场环境下，大量的私有信息分布不均产生的信息不对称，造成了市场交易双方的利益失衡以及市场资源配置的低效。不完全信息导致无效率资源配置已经成为经济学研究的共识[11]。信息不对称普遍存在的状况提醒人们在经济核算的过程中应该将信息与资本、土地一样作为主要生产要素来考虑。通过信息不对称分析，采取积极的信息共享策略以消除信息不对称带来的逆向选择和道德风险等问题。因此可以说，在目前研究的领域中，信息不对称是绝对的，信息对称是相对的。本书认为信息不对称是组织间进行博弈的基本前提。

（三）市场环境假设

主体的活动处于一个充满复杂性和不确定性的市场环境之中。所谓复杂性（Complexity）是指世界上的事物辩证地相互影响着，呈现复杂而非简单的关系。不确定性（Uncertainty）是指事物发展并不能为人们确切地把握。尽管可以通过概率统计等手段来改进对不确定性情况的分析，但是基于这种情况作出的决策只能是风险型决策，决策合理性的不同依赖于这种风险程度的大小差异。复杂性与不确定性共同影响着参与主体的日常活动和决策过程，复杂性加剧了不确定性，发展的不确定性以及个体的适应性则决定了复杂性的程度。在这一市场环境中，各种相互关系、事物逻辑错综复杂，往往导致了系统的非线性、动态特性。本书研究的物流信息网络是一个开放的系统，因此需要考虑复杂性和不确定性等诸多因素，市场环境假设必不可少。

二 基本概念及术语界定

(一) 信息 (Information)

什么是信息？信息一词的拉丁词源是 Information，意思是通知、报道、资料或消息。《辞源》解释，信息就是"消息"。早在一千多年前，唐朝诗人李中在《暮春怀故人》一诗中就留下了"梦断美人沉信息，目穿长路倚楼台"的佳句。宋代李清照则发出"不乞隋珠与和璧，只乞乡关新信息"的思乡感叹。当时，"信息"指的是音信、消息。信息一词一直沿用到 20 世纪中叶，其科学含义才被逐渐揭示出来[12]。而对信息深入的科学研究，还是始于西方社会。

1928 年尼奎斯特（Nyquist）和哈特莱（Harley）在一篇题为《信息传输》(Transmission of Information) 的论文中，区分了信息与消息，并指出"信息是指有新内容、新知识的消息"。信息作为一门严密的科学，主要应归功于贝尔实验室的美国科学家克劳德·香农（Claude E. Shannon），1948 年，他在著名论文《通信的数学理论》中把"信息"解释为"两次不定性之差"，他认为，信息的多少意味着所消除的不确定性的大小。同年，维纳(Wiener) 发表《控制论》（Cybernetics）从更广阔的领域研究信息，在更广阔的意义上定义了信息，他认为信息是“我们在适应外部世界、控制外部世界的过程中与外部世界交换的内容的名称”。

虽然，信息这个概念人们已经使用了很长的时间，而且已经成为日常生活中经常使用的名词，但对于信息，至今仍无确切、统一的定义。不同的研究领域对于信息的概念认识的角度必然存在差异。图书情报领域、计算机与通信科学领域、经济管理领域等各自有不同的解释。本书更倾向于采用《中国大百科全书》中对于“信息”论述：“按照狭义的理解，信息是用来消除不定性的东西。按照广义的理解，又有两种认识：从本体论意义上说，信息泛指一切事物（物质的、精神的）运动的状态和运动的方式；从认识论意义上来说，信息是关于事物运动状态和运动方式的反映。正因为信息是事物运动的状态和方式（本体论意义），是关于事物运动状态和运动方式的反映（认识论意义），它才可以用来消除人们认识上相应的不确定性。这是广义理解和狭义理解之间的内在联系。”[12]

（二）物流信息（Logistics Information）

物流信息是指围绕各类物流活动由外界输入或者活动自身反馈输出的数据、资料、图像、文件、知识等的总称，它伴随着物流活动的发生而产生，贯穿于物流活动的始终，在物流活动中起着中枢神经的作用。物流信息不但支持和保障了物流活动的顺利进行，而且能够全方位连接、整合物流系统并使其高效运转。不论是一般企业还是专业的物流企业，物流信息的通畅将为企业业务流程中的仓储、运输、配送、装卸搬运、包装、流通加工等环节提供准确、及时和全面的信息支持，同时也能有效实现相关部门或企业的其他业务与物流服务的资源共享和协同工作。拥有一个承载大量物流信息的网络无异于给企业开辟了一条新的出路。这样的网络对内将节约物流成本，提高物流运作效率和服务水平，辅助企业的管理控制和战略决策；对外将拓宽资源渠道和市场空间，提升企业综合实力。所以，从整合资源、提高效率的角度来看，建立物流信息网络是现代企业获取竞争优势的有效手段。

从狭义上来看，物流信息是与物流活动直接相关的信息。它表现为整个或者部分物流过程中输入、输出的各类数据、图像、文件、资料、知识等。如库存管理中货物的货架、货位记录，存在于运输、包装环节中的运输包装（外包装）标识，整个物流过程中的成本核算信息等。本书研究的主题是物流信息网络，通过网络的传递和组织的那部分信息才是本书研究的对象，所以在与物流活动直接相关的信息中本书选择那些能够数字化的信息进行研究。当然，这也不等于说物流信息网络仅仅是一个数字网络，它是一个综合的网络概念，随着研究的深入涉及的领域将会更多，这里不敢妄言。只是为了目前阶段研究的方便，本书选择了能够数字化的物流信息作为研究对象。

从广义上来说，物流信息是存在于整个流通活动中的影响物流活动以及受物流活动影响的全部信息。如国际贸易中交易双方选择的贸易方式信息，远洋运输中运输通道所经区域的气候、气象信息，物流服务人员素质，顾客服务水平和顾客忠诚度信息，市场供需状况等。

物流信息是一种行业信息，所以它具有一切信息所具有的一般性质。如物流信息的存在状态数量巨大、分布广泛，运动方式动态而不确定，结构框架错综复杂等。然而物流信息是一种有人参与的、按人的意图设计工作的且反作用于人类社会生产与消费的特殊信息系统。因此，可以说物流活动的自身规律赋予物流信息鲜明的特点，人类意识的参与则增加了物流信息的作用空间和复杂程度。

一个突出的特点就是，物流信息以多阶段、多形式出现。借鉴 G. Bellinger, D. Castro 等人的观点[13]，可以将物流信息表现形式从人类思维对信息接受的角度分为物流数据、物流信息、物流知识和物流智慧四个阶段，贯穿于这四个阶段的是人们对物流信息的理解过程。这一观点可以体现在图 1－1 中。

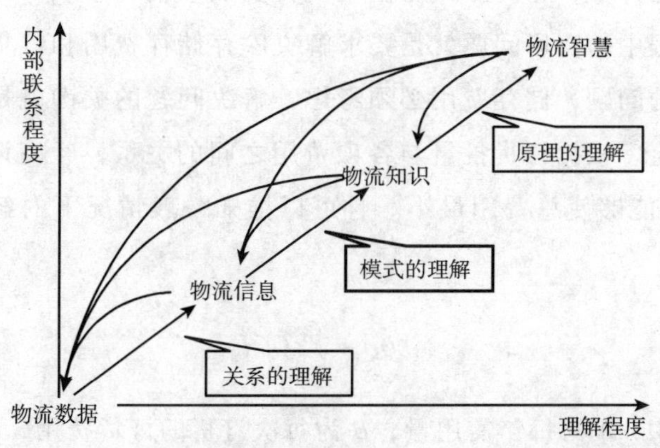

图 1－1　物流信息表现形式及相互关系

从图 1－1 中可以看到，物流信息从简单的数据根据人们不同的理解程度转化成为信息、知识甚至人类智慧；这些不同阶段中的物流信息其内部联系依次紧密。

物流数据是物流信息的原始阶段，它只是一个简单的存在标志，与其他事物并不发生联系。例如，工厂对于原材料 A 的年需求量为 1000 吨，每次订货的订货费用为 25 元。

物流信息阶段则是通过一定的手段对物流数据的简单加工，以体现数据之间的内在关系。因此说对内在关系的理解使得物流数据转化成为物流信息。例如，工厂按季度订货，每季度订货量为 250 吨，全年订货费用为 100 元。

相比之下物流知识则可以称为物流信息的高级阶段，它是对所掌握信息包含模式的理解，并且能够从数据和信息推断事物将怎样发展。例如，工厂订货过程中的总费用由库存储存费用和订货费用组成，如果企业可以不考虑储存费用，就可以提高单次订货数量，避免因频繁地补充订货而多花订货费用。

物流智慧是人脑根据各类物流信息的内在规律和基本原理在理解上的升华，它的形式往往表现得更加系统和本质。例如工厂订货过程中的费用问题就是要求解决库存储存费用和订货费用之和最小的问题，储存费用必须考虑，解决问题的关键就是订货批量的确定。根据订货批量与各项费用之间的关系，经济订货批量（EOQ）能够使总费用最小。且可以推知一般情况下的经济订货批量为：

$$EOQ = \sqrt{2AB/I}$$

式中，A 为每年需用量，B 为每次订货的订货费用，I 为库存储存费用率。

从图 1－1 还可以看到，较高级阶段的物流信息形式能够对较低级阶段的物流信息的产生形成一定影响。这不难理解，因为当拥有了上升为人类智慧或者专家知识的物流信息，它将指导人们如何有效地收集物流数据和物流信息，并且能够帮助鉴别和选择有用的信息元素。

随着现代物流的发展，在商流与物流分离的模式下，物流信息越来越重要。商流与物流过程空间上和时间上的互相分离，实现了流通总体中的专业分工、职能分工，虽然在流通发展过程中提高了整体效率，但是由此带来各方的信息不对称则使得物流信息的共享成为必需。无论是最终商流与物流相结合实现产品的价值和使用价值，还是以回收的货币资金补充生产用料进行再生产，都离不开物流信息的传递和交换。没有及时准确的信息流，就没有顺畅的商流和物流，资金流也不可能实现增值。

（三）物流信息技术（Logistics Information Technology）

物流信息技术是指运用于物流领域的信息技术[14]，它们与物流紧密结合，也是物流技术的一部分。在物流领域中，广泛采用的信息技术主要包括物流信息通讯技术、物流信息收集与处理技术、物流信息存储技术、智能物流信息技术等几大类。

物流信息通讯技术能够保障物流信息的速度传输和交换，为信息的安全共享、存储和应用提供前提条件。这类技术包括有将通讯技术与计算机技术相结合而形成的网络技术，如 Internet 技术、Web 技术、Grid 技术；还包括应用于企业物流信息传输与交换的技术，如电子数据交换（EDI）、异步传输模式（ATM）、数字数据网络（DDN）、帧中继（FR）、虚拟专用网（VPN）等；另外也包括应用于物流领域的无线网络技术（WLAN）、局域网（LAN）组网技术等。

物流信息收集与处理技术可以分为数据信息自动识别与数据采集技术，以及辅助信息处理技术。前者包括条码技术、销售点实时管理系统（POS）、无线射频识别技术（RFID）等；后者包括地理信息系统（GIS）、全球定位系统（GPS）等。

物流信息存储技术是应用于物流信息的大量存储和相应管理的技术。包括数据库技术（DB）、数据仓库技术（DW）、数据挖掘技术（DM）等。其中数据库管理系统（DBMS）是物流信息数据库系统的核心。它是基于某种数据结构模型，以统一的方式管理和维护数据库并提供与数据库接口的管理平台。而在各种数据库管理系统平台上应用的统计分析工具、神经网络、粗糙集、模糊数学等相关技术以及基于各种介质的高性能存储技术将极大支持所存储物流信息的各类事务型应用、分析型应用的有效实现。

智能物流信息技术是各类信息技术、人类经验与智慧的集大成者，将它应用于物流领域能够帮助人们实现物流操作、物流管理的自动化和智能化，而且对于物流管理的合理决策意义重大。

目前应用广泛的主要包括人工智能（AI）和专家系统（ES）。

（四）物流信息资源（Logistics Information Resources）

“信息资源”这一术语最早由罗尔科（J. O. Rourke）在《加拿大的信息资源》（Information Resources in Canada）一文中首先提出。1986年霍顿（F. W. Horton，Jr.）与马钱德（D. A. Marchand）在他们的合著中提出信息资源包括四个方面的内容：具有与信息相关的技能的人才、信息技术中的硬件和软件、信息机构以及信息处理服务提供者。中国学者乌家培认为信息资源可以有两种解释：一种是狭义的理解，即指信息内容本身；另一种是广义的理解，指的是除信息内容本身外，还包括与其紧密相连的信息设备、信息人员、信息系统、信息网络等。狭义的信息资源实际上还包括信息载体，因为信息内容不能离开信息载体而独立存在。

借鉴一般信息资源的理解，物流信息资源是指物流活动中所产生、传递、处理和使用的具有一定使用价值的信息集合。它不仅包含各种形式的有用信息本身，也包含各种物流信息设备、物流信息技术、物流信息人才以及各种传递方式和渠道等。

物流信息成为物流信息资源需要满足一定的条件。

作为物流信息网络研究的一部分，物流信息资源具有纯粹性和有用性的特点。物流信息资源包含各种形式的有用信息本身，但并不是所有的物流信息都能成为物流信息资源。物流信息成为物流信息资源必须满足一定的条件。

不是任何信息都是有用的。例如，曾经有用的物流需求信息，现在就有可能成为无用、过时的信息；由于观测者导致的误差产生的物流作业现场的记录；物流统计信息中不能反映客观规律的例外数据等。这些过时的、不真实的、例外的信息，不仅可能是无用的，还有可能是危害到整体的垃圾信息。从一般意义上说，这些信息都不能成为物流信息资源。

物流信息源中的信息能够成为物流信息资源一般需要满足以

下条件：首先，就信息本身而言，它应该是经过有序化处理，真实、准确的；其次，从资源开发利用的角度来说，信息具有开发利用的潜力，即信息具有一定的富集度；最后，从资源的价值形成来看，信息必须包含无差别的人类劳动，即要对信息进行采集、识别、挑选、分类、编码、组织、存储、传递、维护、统计、分析等，才能使信息成为有用的资源。

要成为应用于物流领域的信息资源还必须与物流行业紧密联系，因此需要满足下面的两个条件：首先，信息能够直接为物流活动创造利润或者提供有意义的参考；其次，信息能够为物流工作人员识别或者检测到。

（五）物流网络（Logistics Networks）

从第二次世界大战期间物流概念的产生至今，物流已经取得了举世瞩目的发展。随着信息时代的到来，现代物流呈现出新的发展趋势，物流系统外部环境发生了本质的改变。由于物流业务自身的特点以及规模经济等因素的共同影响，物流组织间相互合作的趋势日益增强。在这样的发展趋势下，涉及物流业务的贸易和流通体系通过网络互联的方式逐步实现网状合作与竞争，最终构成了一个多种元素（如组织、设施、设备、信息资源等）共生、多种关系（战略合作关系、动态联盟关系、竞争关系等）交错的大网络——物流网络。

近年来，对物流网络的认识许多学者提出了各自的观点[15]，并没有形成一个统一的认识。例如，有一种观点认为物流网络即供应链管理[16]。基于这种观点，Reyes 提出：物流网络是由实现原材料的获取到将其转化成中间产品和成品以及将成品配送到用户的设施和配送选择[17]。这些研究大多从各自的专业角度来分析物流网络的某些侧面，认识还不够全面。

国内学者徐杰、鞠颂东提出：物流网络是建立在物流基础设施网络之上的，以信息网络为支撑，按网络组织模式运作的综合服务网络体系。这里物流组织网络是物流网络运行的组织保障；物流基础设施网络是物流网络高效运作的基本前提和条件；物流信息网络是物流网络运行的重要技术支撑。物流网络既不是单纯指企业内部的物流网络，也不是专指外部物流网络，而是一个相对综合的概念，是基于互联网的开放性、资源共享性，运用网络组织模式构建起来的新型物流服务系统[18]。从这一论断来看，物流网络是物流网络化的一种具体形态。

（六）物流信息网络（Logistics Information Networks）

物流信息的载体是目前广泛存在的 Internet、Intranet、Extranet 以及其他高级网络互联形式。广义的物流信息网络是指以网络形态出现的物流信息内容、载体及其组织方式，包括物流信息需求网络与物流信息服务网络，主要功能是帮助人们实现以物流信息引导的资源整合和服务协同。狭义的物流信息网络则是指物流信息服务网络，主要由物流信息提供者节点和网络管理节点组成。该网络体系通过网络体系的协调与控制，实现各节点间的信息资源集成和整合，以满足信息需求网络提出的要求，指导实际物流合理、高效运作的目的。物流信息网络节点存储有大量各类与物流相关的信息，这些信息有的来自国家、社会组织建立的大型物流信息平台，有的来自一般企业或者第三方物流企业（如 3PL）发布的物流信息，也有的来自专业的物流中介型企业（如 4PL）的信息服务。

虽然物流网络的研究取得了一些初步进展，但是物流信息网络的相关研究却仍处于摸索阶段。许多研究侧重于各行业物流的信息化[19]以及有关物流企业和企业物流的信息技术研究[20]。更多的已有文献已经认识到信息技术是实现物流功能的一种关键的“使能”技术[21][22][23][24]，但它不是信息网络的全部。就目前查阅的大量资料来看，对于整个物流信息网络的描述和深入的动力学分析还未见到。当前，对于大规模动态复杂社会网络的研究随着计算机技术、系统科学、复杂科学研究的进一步深入，涌现了许多适宜的方法，如神经网络方法、遗传算法、系统动力学方法、复杂网络方法[25]等。因此，研究方法并不缺乏，而问题的关键在于怎样将这些方法与物流信息网络机理紧密结合。鉴于复杂网络方法在许多实际大规模网络的研究中取得了较好的成果[26][27]，本书主要在复杂网络理论基础上结合物流信息网络的自身特点进行网络动力学研究。

（七）适应网格环境的物流信息网络（Logistics Information Networks adapting to grid environment）

适应网格环境的物流信息网络的概念是本书提出的主要观点之一，它是物流网络化发展与新环境、新技术相结合的产物，是一个物流产业的内部模式与外部网络资源环境和谐生长的过程，在这一过程中物流信息网络将从管理、技术、制度等层面向适应网格环境的方向发展。它强调以信息驱动资源共享，以高性能网络为载体和有力工具促进物流信息网络在标准、接口、运行逻辑等方面的合理调整，优化物流网络资源在时空上的配置，实现物流服务价值的增值。它的目的是使物流网络在适应新型网络环境的同时达到自身的可持续发展。适应网格环境的物流信息网络不同于一般的商务、制造、交通等行业信息网络，也不同于传统的物流信息网络，它们在服务目标、服务内容、形式及功能特征等方面都具有一定的差异。

从表 1－1 中可以看到，物流信息网络从服务目标和服务内容方面与一般的行业信息网络存在着一些差异。例如，在信息资源利用方式上一般的行业信息资源或者是为使用者独占，或者是可共享的公共信息。然而，物流信息网络的信息资源存在多种利用形式。由于物流行业的特殊性，相同的资源在不同状态下就可能出现独占、共享两种利用方式并存的情况（例如，应用前是物流服务资源，应用完成后成为下一物流环节的公共参考信息）。根

表 1－1 三种不同信息网络之间的区别

		一般商务信息网络	传统物流信息网络	适应网格环境的物流信息网络
服务对象		商务活动的各参与方	物流活动的各参与方，主要是物流服务需求方	与物流活动有关的网格服务接入端
服务目标		传递商务信息，辅助决策，促进商务活动的开展	传递物流信息，监控物流服务运行，辅助分析与决策	传递物流信息，优化物流网络资源在时空上的配置，实现物流服务价值的增值
结构及形式	网络构成	商务信息供应网络、商务信息平台	物流服务供应网络、物流信息平台	物流服务供应网络、物流服务需求网络、网格环境
	管理形式	集中式/层次化网络管理	集中式/层次化网络管理	分布式网络管理、多管理域协同管理
	表现形式	信息平台	企业间 Extranet/信息平台/信息服务商的网络	公共的网格物流服务处理中心、物流信息服务平台以及按需组合的网络拓扑
服务内容	可处理的信息量	大	大	无限制
	信息资源利用方式	独占/共享	独占、共享	独占、共享、无限复制
	资源约束程度	大	大	小
	标准化的要求	小	有要求	高要求
	时空复杂度	较大	大	大、动态不确定
功能特征	接入功能	专线接入，包含严格的用户审批、账户管理等	一般终端接入，根据不同信息制定不同的用户管理策略	即连即用、灵活地接入，全局的资源和用户管理策略，可安全映射到局域的管理
	服务虚拟化能力	无	较弱	应用服务与资源相分离，服务虚拟化能力强

据网格思想构建的物流信息网络，通过合理的全局调度管理，有些物流信息资源的利用甚至能以无限制的复制（Copy）形式，其用户数量可以是无穷大。另一方面，物流信息网络要求网络信息处理能力强、标准化水平高、信息内容时空跨度大等，表现形式也不仅仅局限于信息平台一种，还有企业间 Extranet、信息服务商的自有网络、WLAN（无线局域网）等形式。

相对于传统的物流信息网络，适应网格环境的物流信息网络主要是在与新技术、新环境的融合方面具有自己的特点。例如，从表 1-1 中可以发现，适应网格环境的物流信息网络最显著的优点在于它受资源约束的影响较小，它能够在“全空间”的范围内通过物流信息匹配物流资源。除此之外，适应网格环境的物流信息网络的服务目标是传递物流信息，优化物流网络资源在时空上的配置，实现物流服务价值的增值，相比传统的物流信息网络，它在网络资源之间互操作、协同工作方面的管理上和增值能力的提升上加大了努力。而且对于物流信息标准化、网络服务接口化、服务动态虚拟化以及接入便捷性等方面要求更大，对于高时空复杂度的服务业务处理方式也更加丰富，处理能力大幅度增强。由此必将导致传统的物流信息网络与适应网格环境的物流信息网络在网络规模、运营和使用方式、赢利模式等表现形式上的差异。

第三节　物流信息网络的现状分析

一　全球物流信息网络

物流信息的重大作用已经给全球经济，尤其是对外贸易带来了巨大帮助。全球物流信息网络的建设是在国际互联网广泛应用的过程中不断完善的。美国、欧洲、日本等国家和地区在全球物流信息网络的发展方面不论是在物流信息技术上还是在系统理念上都走在了世界的前列，成为全球物流信息网络的主干。一些大规模的跨国企业则成为全球物流信息网络的重要支撑节点。

首先，美国、欧洲、日本等国家和地区的物流企业十分重视国际互联网资源的有效利用。他们开发了基于国际互联网的各种物流在线查询系统、客户端工具、桌面工具条形式的导航与查询，以及企业内部、企业间包括物流信息在内的资源集成系统、数据仓库、数据中心和智能专家系统等。在此基础上，大量的通用数据运用到全球物流信息网络的构建与扩展中来，大大提高了信息服务的效率。通用数据是国际互联网上信息流通的标准形式。在 RFID、EDI、ERP 等不同数据采集和交换系统层出不穷的情况下，一个国际通用的信息标准将使得不同国家、不同企业的物流信息可以在国际互联网上自由传递。因此，信息流的通畅将促进国际贸易的开展，而在商流的推动下国际物流得以形成。

虽然还没有一个成型的全球物流信息网络，但是不同国家甚至企业已经在网络建设方面进行了有益的尝试和探索。人们提出了在全球物流管理过程中将供应链运作参考模型（SCOR）与信息系统开发相结合形成决策环境的思想，建设和实施实用性更强、更灵活的全球物流信息网络[28]。欧盟开展了 eLOGMAR-M 项目[29]，利用和配合最先进的仿真和信息技术优化物流过程，为港口及物流运输管理提供协作解决方案。这个包含专家知识、GPRS 动态信息、Web 信息的物流信息网络在以欧盟波罗的海地区为中心的海运及物流活动中发挥着重要作用。

日本的物流信息管理理念上则主张多层次的物流信息网络系统建设，而且主要考虑其层次的划分、灵活性和适应性。在企业物流信息网络建设方面主要分为三个层次：现有系统层次，通过现有系统的物流管理与物流中心的有关业务合并，然后产生更高层次的业务；以压缩库存为目的的广域物流管理层次；提供物流现场作业效率和品质的系统层次[30]。

大规模的跨国企业正逐步建立自己的物流信息网络，企业的物流信息网络必将成为全球物流信息网络重要节点。越来越多的顾客希望通过掌握更多的物流信息，以利于自身控制成本和提高效率。基于这种服务需求，跨过物流企业联邦快递公司（UPS）从20世纪90年代初开始了致力于物流信息技术的广泛利用和不断升级。公司建立覆盖全球的物流信息网络是将应用在美国国内运输货物的物流信息系统扩展到所有国际运输货物上，建设了长达50万英里的UPSnet全球电子数据通信网络。这个网络覆盖150多个国家的2500多个节点，包括15台大型主机和90台中型机，13万个车载的速递资料收集器（DIAD）。借助这套系统，客户可以在任何时间、任何地点用手机或者上网查询到他的包裹当前处于世界何处，并可以在包裹送达的几分钟内得到签收的数字化证据。这一系统可以大大缩短票据循环周期，简化客户供应链的管理。同时，DIAD也是一种高效的管理工具，UPS的主机每天将信息下载到DIAD，向送货车司机提供当日的送货行程，DIAD则实时地将位置信息上载到主机，以供分析和调度。

中国外运（集团）总公司（Sinotrans Group）是一个有国内经营实体1000余家，并在境外设有8个代表处，有16家海外企业，与境外400多家运输企业建立了业务代理关系的大型跨国企业。集团公司在形成了覆盖全国、辐射全球的物流服务网络的同时，还根据业务发展的需要进行了全球物流信息网络的初步建设。目前，公司已经形成了总部—分公司—三四级公司组成的树形拓扑结构。总部是根节点；各分公司为备份，构成一级骨干互联网，非上市子公司和物流RDC采用ISDN/PSTN作为备份；每一级分公司与其下属三四级公司节点间通过2M以下链路专线互联，采用ISDN/PSTN作为备份，构成中外运二级骨干互联网。公司的物流信息网络全球范围内中国外运与中国外运客户之间、中国外运与中国外运服务商之间的信息交流，使各种业务的请求、响应、交易得以协调、有序、高效地进行。

中国远洋运输（集团）总公司（COSCO）作为以航运、物流为核心主业的全球性企业集团，在全球拥有近千家成员单位。业务拓展到日本、韩国、新加坡、北美、欧洲、澳大利亚、南非和西亚等 8 大区域的 160 多个国家和地区的 1300 多个港口。20 世纪 80 年代初，中远集团就开始了 EDI 方面的探索。1997 年中远完成了 EDI 中心和 EDI 网络建设，使 EDI 网络基本覆盖了国内网点，并实现了对海关和港口的 EDI 报文交换，通过北京 EDI 中心实现了与 GEIS 公司 EDI 中心的互联，连通了中远集团的海外各区域公司。

二 中国物流信息网络

物流信息网络化是中国物流信息化的必然发展。自从 EDI 引入，物流信息就开始跨出企业的边界，信息网络化从此萌芽。供应链以及供应链管理的提出、电子商务的兴起为信息网络化提供了商业需求，以互联网为代表的网络技术的出现则为物流信息网络化提供了必要手段。物流信息网络化是伴随着经济信息网络化进程而不断发展的。我国经济领域信息网络建设起步较晚，但发展速度较快，为物流信息逐步网络化奠定了物质基础。以“三金”工程（即“金桥”、“金关”、“金卡”工程）为起点，目前经济领域已初步形成覆盖面广、横向纵向相结合的信息网络。如 CEINET（中国经济信息网）、CCMNET（中国商品市场信息网络）等，它们将生产企业的商品供应信息、流通企业的商品购销信息及消费者的购买需求信息融为一体，极大地提高了在全国范围内的合理调配，为部门分析市场、组织指导物流合理流向提供了依据。

目前，我国物流信息网络化的发展形态主要有两类：一类是扩张型企业物流信息网络，另一类是渗透型物流信息平台。

所谓扩张型企业物流信息网络，实质是企业内部物流网络的延伸，从企业内部网络，到联系企业分支机构的信息网络，再到与众多供应链企业相连接的物流信息网络，企业不断扩大它的物流信息网络“势力范围”。当前我国企业更多的是利用互联网络来升级自己的信息系统。例如宁波奥克斯集团、青岛出版社以及台湾的宝岛眼镜等纷纷开始实施自己的 ERP（企业资源规划），这些应用不是仅仅停留在一般的信息管理阶段，而是更多地借助现代信息技术将企业的物流、资金流和信息流集成在一起，实现管理透明化和资源共享。进一步的，ERP 可以升级为支持优化企业内部和企业之间协同商务的 ERPII[31]。这样，在企业向社会化企业转变的同时，其物流信息系统也随之向社会化物流信息网络扩张，行业物流信息化平台建设开始出现。2006 年，宝钢全资子公司东方钢铁电子商务有限公司在原钢铁信息门户网站的基础上，面向行业，面向社会推出了全国首家钢材电子现货交易平台——东方钢铁在线。此前，广东、浙江、上海、北京等国内多家钢铁供应链服务商竞相向钢铁电子现货交易进军，未来信息化的钢铁供应链在整个行业的推动下将加快实现。

渗透型物流信息平台则是网络物流信息平台与企业内部信息系统的无缝连接形式。例如，公共信息平台可以要求所有连接的物流企业提供货物在途信息，以便利于信息平台进行协调和控制，同时能够及时反馈给最终用户，甚至还可以要求企业授权物流信息平台通过企业管理信息系统调度部分的企业资源。在货运行业这样的渗透型物流信息平台经常可以见到。如中国货运信息网（http：//www. zghy. com. cn/），该网站将货源信息、车源信息、仓储信息等提供给用户，并且通过“货运通”客户端提供给用户和企业有价值的信息。同时它也通过与供、需双方沟通，传递信息、创造商机。在物流企业联盟方面，2006 年广州市经贸委支持建设的商务领航泛珠三角物流信息平台正式启用。目前，广州市已有300多家大中型物流企业加盟该平台，物流企业可实施跨区域的即时管理。

虽然还没有一个被整个物流行业广泛应用的实体物流信息网络，但是这种开放的具有综合功能的物流信息网络雏形正在逐步发展。2006年，我国公共信息平台建设在政府的大力支持和推进下，进入实际应用阶段，取得了良好的社会效益和经济效益。最具代表性的是中国电子口岸，其次是CGOS（中国商品订货系统）。CGOS是一个集电子订货、仓储管理、货物运输、商品配送和货款结算于一体的综合性、社会化商品流通服务体系，成为中国流通领域信息网络化建设的一个成功范例。

尽管我国物流信息建设为全面实现物流信息网络化以及最终的物流现代化打下了一定的基础，但与社会主义市场经济体制的要求，与国外信息网络系统相比还存在较大差距。这一差距主要表现为：信息网络建设缺乏统一规划协调；通信网络系统较为脆弱；网上信息资源建设相对薄弱；物流信息标准不统一；网络安全与诚信度较低，物流信息网络立法还不完善；既懂物流管理又懂网络信息技术的复合型人才欠缺；政府和企业在网络建设的经费投入方面尚有不足等多方面的缺陷。

鉴于全球物流信息网络的现状，中国物流信息网络既面临着挑战，也存在着机遇。全球物流网络必将进一步完善，随着跨国企业在中国建设、投资的加剧，中国物流信息网络也必将成为国际物流信息网络的重要枢纽。值得庆幸的是，在物流管理引入相对较晚的中国，信息技术、网络技术水平与发达国家相差不大，立志科学发展的中国具有建设物流信息网络的后发优势。

参考文献

[1] 马克思：《资本论》（第一卷），北京，人民出版社，2004。

[2]《马克思恩格斯全集》第23卷，北京，人民出版社，1957。

[3] Crowell J. F., *Report of the Industrial Commission on the Distribution of Farm Products*, Washington DC: Government Printing Office, 1901.

[4] 金若楠等：《现代综合物流管理》，北京，中国铁道出版社，1994。

[5] 中国物流与采购联合会：《GB/T18354－2001 物流术语》，北京，中国标准出版社，2001。

[6] Barnett W., Presley A., Johnson M., Liles D. H., *An Architecture for the Virtual Enterprise*, 1994 IEEE International Conference on Systems, Man, and Cybernetics, San Antonio TX, USA. 1994: 506－511.

[7] Byrne J. A., *The virtual corporation*, Business Week, 1993, 31 (6): 36－39.

[8]《全球互联网用户人数超过10亿　中国紧追美国》，http://tech.sina.com.cn/i/2006－01－14/0753820268.shtml，2006－01－14。

[9] 戴勇、钟宝嵩：《物流信息化发展现状研究》，《物流技术》2004年第11期。

[10] 吴志惠、刘卫战、李雅惠：《2005中国物流信息化调查报告》，《中国物流与采购》2005年第18期。

[11] Wurlzeback, Charles H., Miles M. E., *Modern Real Estate*, New York: John Wiley, 1991。

[12] 周文俊：《中国大百科全书：图书馆学　情报学　档案学》，北京，中国大百科全书出版社，1993。

[13] Bellinger G., Castro D., Mills A., *Data, information, knowledge and wisdom*. 1999. http://www.outsights.com/systems/dikw/dikw.htm.

[14] 蔡淑琴、夏火松：《物流信息与信息系统》，北京，电子工业出版

社，2005。

[15] Nakatsu Robbie T. , *Designing business logistics networks using model-based reasoning and heuristic-based searching*, Expert Systems with Applications, 2005 (29): 735 - 745.

[16] Simchi-Levi D. , Kaminsky P. , Simchi-Levi E. , *Designing and Managing the Supply Chain: Concepts, Strategies, and Cases, second ed.* New York, NY. McGraw-Hill. 2003.

[17] Reyes P. M. , *Logistics networks: A game theory application for solving the transshipment problem*, Applied Mathematics and Computation, 2005 (168): 1419 - 1431.

[18] 徐杰、鞠颂东：《物流网络的内涵分析》，《北京交通大学学报（社会科学版）》2005 年第 2 期。

[19] Iijima M. , Komatsu S. , Katoh S. , *Hybrid Just-in-time Logistics Systems and Information Networks for Effective Management in Perishable Food Industries*, International Journal of Production Economics, 1996 (44): 97 - 103.

[20] Kengpol A. , Tuominen M. , *A framework for group decision support systems: An application in the evaluation of information technology for logistics firms*, International Journal of Production Economics, 2006 (101): 159 - 171.

[21] Forge S. , *High-Power Computing and the Value Chain*, Futures, 1994 (26): 430 - 452.

[22] LaLonde B. , Mason R. E. , *Some Thoughts On Logistics Policy and Strategies*, International Journal of Physical Distribution & Logistics Management, 1993 (23): 39 - 45.

[23] Kärkkäinen M. , Ala-Risku T. , Främling K. , *Integrating material and information flows using a distributed peer-to-peer information system*, Proceedings of the International Conference on Advanced Production Management Systems (APMS), The Netherlands, Eindhoven, 2002.

[24] Kärkkäinen M. , Ala-Risku T. , Främling K. , *The product centric ap-*

proach: *a solution to supply network information management problems*, Computers in Industry, 2003 (52): 147 – 159.

[25] Barabási A. L., Albert R., Jeong H., *Mean-field theory for scale-free random networks*, Physica A, 1999 (272): 173 – 187.

[26] Albert R., Jeong H., Barabási A. L., *The Diameter of World Wide Web*, Nature (London), 1999 (401): 130 – 131.

[27] Souma W., Fujiwara Y., Aoyama H., *Complex networks and economics*, Physica A, 2003 (324): 396 – 401.

[28] Wang Willian Y. C., Ho Michael S. C., Chau Patrick Y. K., *A process oriented methodology for the supply chain analysis of implementing global logistics information systems*, The second International conference on Innovations in Information Technology, 2005.

[29] http: //www. elogmar-m. org.

[30] 金江军:《E – 企业: 运营与管理》, 北京, 中国经济出版社, 2005。

第二章
物流信息网络研究基础

物流是一个新兴产业，其发展具有先天的后发优势。以科技创新为动力，发挥物流行业集成创新的优势，加快物流信息化的发展，是现代物流的核心任务之一。网格环境下物流信息网络的研究是一个新挑战，借助于在实践中反复验证了的理论和方法，有理由相信这样的研究是真正站在巨人的肩上。

第一节　物流信息网络理论基础

一　信息管理理论及其应用

（一）信息资源管理（IRM）

信息资源管理（Information Resources Management，IRM）是20世纪70年代末80年代初出现在美国的一门新学科，后来迅速扩展到欧洲、日本等其他国家和地区。其产生的背景是由于社会的转型，信息和信息技术在政府管理、企业管理和经济发展中的作用日益显著，越来越多的人开始认识到它们不仅是一种社会资源，也是一种非常重要的组织资源。最早使用IRM一词的学者之一F. W. Horton认为[1]信息资源管理是一个集成概念，是一种学科间结合的方法，它融不同的信息技术和领域为一体，这些技术和领域包括管理信息系统、记录管理、自动数据处理和电子通信网络等。他在著作中对信息资源管理这样定义：一门把信息位于与资金、物质、人力和自然资源同等重要的资源管理科学，它研究如何有效地处理信息资源（原始数据）和产出信息资产（知识）。W. R. Synnott 和 W. Gruber 从 MIS 管理的角度来探讨 IRM，他们认为 IRM 是数据处理的一种自然发展，它是包含在 CIO 职位中的强有力的、集中的信息管理功能[2]。美国学者史密斯认为，IRM 不仅仅是一种计算机资源管理，而且是将信息技术和信息系统建设等有机地融入了管理理论和实践的框架中[3]。在欧洲，信息资源管理逐渐演化成为"信息管理"，实际上与美国的"信息资源管理"没有本质的区别。英国学者马丁认为，信息管理是使有价值的资源隶属于标准的管理和控制过程以实现其价值的活动，它必须超越程式化的信息收集、储存和传播工作，致力于使信息利用为组织机构的目标服务。信息管理不同于管理信息系统，后者是为特定的管理层次提供特定类型信息的方法，前者则是为整个组织机构的所有层次包括战略层、战术层、操作层提供服务的[4]。另外，B. Cronin 所著《Information Management: From Strategies to Action》集中反映了英国学者在信息资源管理领域的研究状况[5]，为欧洲信息管理理论的研究提供了参考。

但是，对于 IRM 含义的全面、准确的描述仍是一个没有很好解决的问题。列维坦（K. B. Levitan，1982）在一篇专题评论中认为，作为概念 IRM 的含义是非常广泛的。由于出发点不同，阐述角度不同，形成了各种 IRM 的定义，现在还没有完全统一[6]。不过有一点是可以肯定的，信息资源管理是人类在漫长的发展历程中，在社会经济高度发展和信息成为重要的社会发展资源背景下发展起来的信息管理思想和管理模式[7]。这也体现了这门年轻学科不断发展、不断完善的轨迹。

信息资源管理是指为了完成机构的使命而管理信息资源的过

程。从研究范围来看，它应该包括信息资源本身，也包括诸如人员、设备、资金和信息技术之类的相关资源。R. Umbaugh 将 IRM 的领域范围概括为：保证系统集成和公正服务；保持与技术发展同步，使公司从中受益；制定信息处理、获取和传播方面的政策；具有 MIS 操作的开发和维护所需要的权威和责任；保证数据保密、安全和保存[8]。在宏观方面，信息资源管理的主要研究对象可以概括为信息政策和法规研究、政府信息资源管理、企业信息资源管理、网络信息资源管理和公益性信息机构信息资源管理及信息资源管理的经济学研究等。

其中，网络信息资源管理的提出和发展进一步推动了信息资源管理理论和实践的发展，使信息资源集成管理的思想不断强化。最突出的表现就是逐步消除了原有的信息集成和技术集成过程中形成的“孤岛效应”，实现了它们的再集成。目前对网络信息资源和网络信息资源管理的本质存在多种看法，大致可分为两种意见：一是狭义的网络信息资源管理，实际上只是网上信息组织的另一种说法，研究的重点是针对网上信息的特点探索其有序化和合理控制的理论、方法和手段；二是广义的网上信息资源管理，即把一般管理的基本原理应用于整个网上信息活动过程，强调要通过信息内容和信息技术的全面集成来提高网上信息活动的效率和效益，并使这种活动能够更好地为实现特定组织目标甚至经济和科技发展等极其广泛的社会目标服务[9]。

信息资源管理尤其是网络信息资源管理为物流信息网络资源的规划、管理与应用提供了一定的理论基础，信息资源管理过程中积累总结的诸如信息流分析、信息环境分析、信息资源规划（Information Resources Planning）和信息化规划等技术和手段将直接有利于物流信息网络中相应问题的解决。

（二）管理信息系统（MIS）

管理信息系统（Management Information Systems，MIS）源自

20 世纪 30 年代人们对于决策在组织管理中作用的研究之中。50 年代，西蒙（Herbert A. Simon）提出了管理依赖于信息和决策的概念。1985 年，管理信息系统的创始人戴维斯（Gordon B. Davis）给出了管理信息系统较完整的定义，“它是一个利用计算机硬件和软件，手工作业，分析、计划、控制和决策模型，以及数据库的用户—机器系统。它能提供信息，支持企业或组织的运行、管理和决策功能”，即在决策层、管理层和运行层对管理活动进行信息支持。随着全球科学技术的飞速发展，管理信息系统的环境、目标、功能、内涵等均发生了很大的变化。在这种新的发展条件下，可以重新对管理信息系统进行定义：管理信息系统是一个以人为主导，利用计算机硬件、软件、网络通信设备以及其他办公设备，进行信息的收集、传输、加工、储存、更新和维护，以企业战略竞优、提高效益和效率为目的，支持企业高层决策、中层控制、基层运作的集成化的人机系统[10]。

从概念上理解，管理信息系统包含四大部件：信息源、信息处理器、信息用户和信息管理者。根据管理信息系统的运行逻辑，可以简单地将其内部组织方式表示成图 2－1 所示的结构。

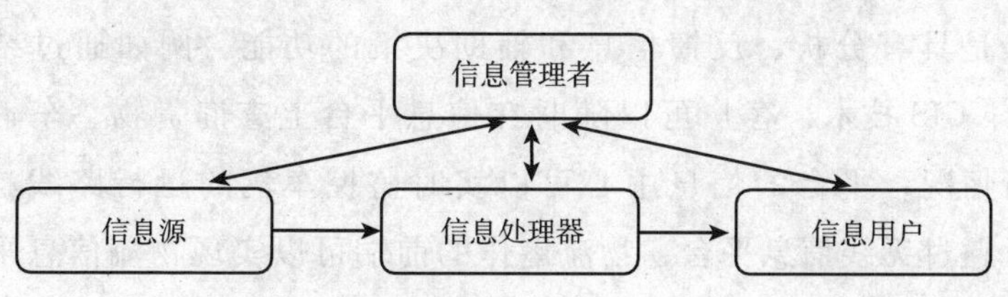

图 2－1　管理信息系统总体结构

根据相关的定义和概念，管理信息系统是一个由人和计算机共同组成的人机一体化系统，它不仅需要考虑技术问题，还需要考虑组织问题以及人的行为问题。因此它首先是一个管理系统、社会系统，然后才是一个人工技术系统。由此可见，管理信息系统的实施将涉及技术、组织、运作流程和个体行为等多方如何融合的问题，问题的解决不仅将导致企业组织、运作方式的变革，也将导致社会系统功能的提高。

同时，系统集成思想在管理信息系统的成功应用，为物流、供应链管理等领域中系统资源的高效利用奠定了基础。

二　物流信息平台的研究及应用

物流信息平台的研究是一个物流信息化、网络化理论与物流信息建设实践相结合的产物。它是由与物流过程有关的宏观管理层、部门管理层、物流企业层、物流信息需求层等众多参与者通过网络通信平台联成的一个开放的网络体系，为物流过程提供相关信息资源的查询、发布、传递、处理、托管和交易等物流信息服务。物流信息平台服务的对象一般为广泛的社会企业和组织，因此它也是物流企业拓展市场和资源的信息入口，在信息化进程中起着“桥头堡”的作用。

物流信息平台具有如下功能：

（1）提高物流系统效率。通过结合先进的计算机网络与通信技术，及时、准确、安全地对物流活动提供全方位的信息服务，尤其是具有分析、反馈信息和辅助决策的功能。例如通过结合GPS、GIS技术，客户可以随时在信息平台上查询货物、车辆的运行情况，平台的信息中心可以实时监控车辆的运行路线、状况。通过无线信息平台，物流运作的前端可以实现物流信息采集和运作管理的无线控制等。

（2）拓宽物流服务范围，提高物流服务水平。为物流信息平台的客户提供多种物流交易方式和财务结算方式的选择，并能满足按照用户定制的信息服务需求，因而能够吸纳更多的物流供应企业和物流需求企业参与其中，也有利于物流相关服务的衍生。物流信息平台掌握着大量的各类资源，依据这些资源还可以为需求方提供诸如物流价格行情、大盘指数查询和物流资质认证管理等增值服务，既提高了物流服务水平，又增加了利润点。

（3）加强物流信息资源的集中管理和整合。对通过物流信息平台发布的物流信息进行严格的审查和跟踪管理，并能够实施用户及服务档案管理、诚信管理等。在物流信息平台管理中，通过激励机制和强制性管制相结合可确保物流信息资源的真实性和时效性。在各企业、组织物流信息系统所提供信息的基础上，凭借其在全局问题上的强大信息优势引导各系统合理发展和促进协同合作，实现全局意义上的最优化。

（4）为政府实施宏观调控和企业制定经营策略提供数据和资料[11]。各级政府主管部门、企业通过对数据和资料的适时查询，可以开展更切合实际的诸如确定发展投资战略、制定产业发展规划等方面的工作，以便实现更好的宏观调控。

根据文献整理的结果，目前物流信息平台的研究呈现出两大特点。第一大特点是从技术角度对物流信息平台的构建和实现方面的研究较多，而理论分析及战略高度的研究较少。第二大特点是国内对于物流公共信息平台基础建设的需求迫切，研究也较热，而国外发达国家的研究则多集中在供应链管理及知识管理方面。

形成这种格局的原因很多。首先，物流信息成为现代物流的核心已经被大多数国内企业所认识，与国外相比，中国物流发展差距最大的就是信息化水平。因此国家重点投资和前期投资的引导对物流信息化建设提供了极大的支持，物流信息平台成为建设的重点。这一点可以从国内各种物流规划和物流政策对于物流信息平台建设的重视程度得到印证：国家“十一五”规划中强调了积极推进信息化的重要性。要求以信息化改造制造业，推进生产设备数字化、生产过程智能化和企业管理信息化，促进制造业研发、设计、生产制造、物流库存和市场营销变革。进一步，要求加快国家基础信息库建设，促进基础信息共享，优化信息资源结构。加强生产、流通、科技、人口、资源、生态环境等领域的信息采集，加强信息资源深度开发、及时处理、传播共享和有效利用。全国“十一五”现代物流业发展规划也明确提出了提高物流信息化程度的重点任务，强调加快构建商务、金融、税务、海关、检验检疫、交通运输和工商管理等政府部门的物流管理公共信息平台。

然而，大多数中小型企业物流信息化的需求仍处于基础信息化为主的较低水平。不可否认，结合先进技术的信息平台开发是实现这一层次需求的捷径。但是由于中国物流信息化发展的总体现状，加之多数企业决策者、系统开发商缺乏战略眼光，还只是根据眼前的现状争夺市场，没有看到我国物流信息化长期的战略任务，信息化市场具有的巨大潜力和长期发展前景[12]。著名物流专家戴定一感言：“提供基础信息和技术服务的公共平台进展缓慢，满足不了市场的需求，尤其是中小企业物流信息化的需求。由于标准不统一，系统不能互联互通，影响了公共物流信息和技术服务平台的发展，反过来又影响了各信息系统的使用价值。”他一语道出了对物流信息平台建设相对滞后的担忧。其次，在企业和市场需求的背景下，物流信息平台相关的研究工作开始围绕先进物流信息技术和信息管理技术的引进、物流信息平台的实现等方面进行。这一点可以从相关的文献中看出端倪[13][14][15][16][17][18]。他们的研究成果对于目前企业物流信息化建设非常有针对性，而且也取得了实用性的成果。但是，对于高层次的供应链管理、知识管理，企业基本上没有这方面的信息需求，相应的研究也较少。而国外的学者则在企业发展需求和政府战略考虑的基础上开始了更深层次的研究[19]。总而言之，在物流信息平台研究方面，无论是政府、企业还是研究人员，都应该摆正自己的位置，根据国情、市场环境、企业状况等循序渐进地开展。尤其对于中国而言，物流信息平台建设的市场需求很高，信息基础薄弱，容易盲目建设，这就需要政府层面的政策和资金引导，企业层面的战略规划以及研究人员的合理创新，三方面互相融合，走出一条适合中国国情的物流信息平台发展的道路。

通过对物流信息平台的深入了解，不难发现物流信息平台与物流信息网络有很多相似的地方。那么它们究竟是不是一回事呢？答案是否定的。从内涵上来讲，本书定义的物流信息网络是一个围绕着物流信息服务，从信息的产生、重新组织、管理调度、优化到需求实现的一整套物流信息解决方案。它不仅包括物流信息服务网络，还可以包括物流信息需求网络，而物流信息服务网络又包括物流信息提供者节点和网络管理节点。它是以网络为载体的物流信息及其组织方式的总称。从某种程度上说，物流信息网络是一个虚实结合的网络体系。而物流信息平台则是一个开放的信息交换和辅助服务平台，它从技术角度来实现物流过程中的公共信息接口任务，实现管理信息节点的职能。从本质上而言，物流信息平台是一个物流信息的汇集点（Information Hub），主要任务是信息交换和辅助信息服务，它掌握和控制信息的权力有限，而物流信息网络主要是通过物流信息的共享和协同来实现对物流资源（信息资源、设施资源、组织资源等）的管理，主要任务是管理和监督物流信息服务的组织和输出。所以，物流信息平台可以看成网络世界中的一个 HUB 节点，连接着众多的物流信息服务提供者节点，它是物流信息服务网络的一部分，因此也是物流信息网络的一部分。

第二节　网格理论基础

著名《福布斯》杂志在 2001 年 9 月的专刊中预测，到 2020 年，以网格技术为代表的新 IT 业，其市值将达到 200000 亿美元，即2000年全世界IT业总市值的20倍[20]。网格的发展受到越来越多的关注。

一 网格概念及其发展

（一）网格概念

网格（Grid）是近年来在全球兴起的一种重要信息技术，它来源于人们对电力网的研究。对于网格，不同的人有不同的认识。有人认为网格是一个集成的计算与资源环境[21]，有人说它是一个计算资源池[22]。对于网格这一相对抽象概念的定义实际上还没有一个被人们普遍接受的最终认识。下面是一些分别从网格的影响、网格的功能、网格的存在形式、网格提供了什么样的环境等方面来描述网格，这些理解可以帮助人们从不同层次、不同角度、不同特征来揭开网格面纱：

- 网格就是下一代互联网[23]。
- 网格就是方便资源管理、有效地支持广域分布的、多领域的科学与工程问题解决的中间件系统[24]。
- 网格是建造分布式科学计算环境的一种一体化的集成方法，这一环境包括计算、数据管理、科学仪器以及人类的协作[25]。
- 网格是一种无缝的、集成的计算与协作环境。
- 网格是基于硬件支持的各种服务和功能的提供者。

美国Argonne国家实验室的Ian Foster教授认为，网格是“构筑在互联网上的一组新兴技术，它将高速互联网、高性能计算机、大型数据库、传感器、远程设备等融为一体”[26]，“实现计算资源、存储资源、通信资源、软件资源、信息资源及知识资源等的全面共享和协同工作[27]”，网格的根本特征是共享资源，消除“信息孤岛和资源孤岛”。它是“在动态变化的各个虚拟机构间共享资源和协同解决问题”[28]。这种技术包括：对服务的抽象、严格的管理和监控机制、高性能的调度、提供结构框架和开发运作模式、标准化、接口化、模块化等方面。这是一个较权威的观点，它强调了网格相对于一般的网络服务而言它所提供的服务能够创建、使用、探察、发现和管理有状态的资源。

（二）网格与网格计算

谈到网格，人们首先想到的就是网格计算。“网格计算”是在 1995 年 I-WAY 项目[29]研究中提出来的，体现了人们最原始的网格动因——计算的需要。但是现在计算机已应用到社会生活的各个方面，而不仅仅局限在计算领域。随着计算机应用的深入，计算需求不断升级。不论是通过单机单系统的多处理器计算机还是单机多系统的刀片式服务器，单机计算能力在一些领域已经接近极致。世界上运算速度最快的单机超级计算机莫过于将于 2008 年安装完成的 Roadrunner[30]。它由 IBM 公司研制，预计运算性能将突破 1Petaflops（相当于每秒钟进行 1000 万亿次的数学运算），峰值性能将达到 1.6Petaflops，其运算能力是目前全球速度最快的超级计算机 Blue Gene/L 的 4 倍。但是其 1.1 亿美元的高昂造价，占地三个篮球场大小的冷却和电源管理系统使得这种超级计算机应用受到多方限制，通常也只有一些国家级的部门，如航天、气象等部门才有能力配置这样的设备。随着问题复杂度的提高，成本和技术的局限注定了超级计算机无法自如地被每个需要它的用户使用并完成预定的任务。比如一台天文望远镜每年产生的数据量不少于 10PB（$1P=10^{15}$），单台计算机需要 300 年才能处理完的数据，而存储数据所需要的硬盘数量为 10^5 块（每块按 100G 计）；在数字化人脑的研究中，如果把人脑的数据进行彩色化的描述，以微米为单位，则人脑数字化以后的数据是 4.5PB。而在 Internet 上，在线数据量也在急剧增加，据专家估算，2005 年为 10PB，而到 2010 年为 100PB。一般的局域的计算资源已经无法满足要求，必须使用网络上广泛分布的资源集中起来协同工作。一方面原有超级计算资源由于数据处理量和存储量惊人，有限的网络带宽将限制它们之间的集群；另一方面费用也难于为一般用户所承担。近年来网络带宽取得较大突破，为跨地域的网络计算资源的协同与共享提供了条件。据有关方面测算，现在主干网络的传输速度已经可以达到千兆以上，在未来的10年内，有可能再提高4000倍[31]，为大范围的协调工作提供了网络带宽的保证。从技术的观点来说，网格计算是伴随着互联网而迅速发展起来的、专门针对复杂科学计算的新型计算模式。这种计算模式是利用互联网把分散在不同地理位置的电脑组织成一个“虚拟的超级计算机”，其中每一台参与计算的计算机就是一个“节点”，而整个计算是由成千上万个“节点”组成的一张“网格”，所以才称之为网格计算。

虽然网格的初衷是进行计算，但是就像计算机一样，它的应用领域将会渗透到社会的方方面面。从文字处理到电子商务、办公自动化，从军事、航天到学校教育等。网格将会像互联网一样，成为新世纪信息社会的一个基础设施，每个国家、区域、行业、组织都会建立自己的网格系统，进而形成一个世界范围内的网格体系[32]。

（三）网格的发展阶段

粗略地来看，网格经历了以下三个发展阶段[33]：

1. 萌芽阶段

20世纪90年代早期，主要是千兆网的测试床，以及一些元计算的实验。

2. 早期实验阶段

20世纪90年代中期到晚期，以I-WAY项目为代表，还有一些学术性的软件项目如Globus、Legion等。

3. 迅速发展阶段

2002年以来，出现了大量的应用社团和项目。随着工业界对网格计算兴趣的增长，IBM，Platform，Microsoft，Sun，Compaq 等世界知名公司，开始合力进行网格的研究，同时也出现了一些比较显著的技术成果，比如 Globus Toolkit。形成了具有相当规模和世界影响的 GGF 组织，它大概有 500 人，共有 20 多个国家参加。

（四）网格系统的分类

通常网格系统可分为计算网格（Computational Grid）、数据网格（Data Grid）和服务网格（Service Grid）三类[34]：

1. 计算网格

计算网格是一个能够提供可依赖的、一致的、普遍的和廉价的高端计算能力的硬件和软件底层，有着很高的计算能力，可以被进一步分为分布式超级计算（Distributed Supercomputing）和高吞吐量计算（High Throughput）两类。分布式超级计算网格在多个机器上执行并行计算以减少一个作业（Job）的执行时间，一般是有巨大挑战的问题；高吞吐量计算网格则用于提高实时到达的任务流的完成率。

2. 数据网格

数据网格是用来提供从多个广域分布的数据源合成新的信息底层系统，典型的应用包括从多个信息源得到相关信息进行数据挖掘以及处理分布数据的各种实验。

3. 服务网格

服务网格提供单机所不能提供的各种服务，可以细分为需求（on Demand）网格、合作（Collaborative）网格和多媒体（Multi-media）网格。需求网格动态地收集不同的资源提供新的服务，这些应用往往更重视性价比而不是单单追求绝对的性能，资源需求是动态的；合作网格将用户和应用连接在合作的工作组里，通过一个虚拟空间提供用户和应用间的实时交互；一个多媒体网格提供广域实时多媒体应用的底层，因此需要支持跨越多个不同机器的服务质量（QoS）。

二 网格技术及其应用

实际上，网格技术是在构建一个使信息技术被广泛接受和应用所必需的环境，人们形象地称其开创了“后技术”时代。网格技术并不是颠覆已有的信息、通信等技术，也不是各种先进技术的简单集成，而是在一定的标准与框架下实现的大量可用成熟技术的有机集成和创新。譬如，开放网格服务体系结构（OGSA）中 Web Services[35] 和开放网格协议的结合就是很好的例子，它积极地推动了网格标准化的进程。网格技术从其所处的不同层次划分可以分成：网格应用技术、网格编程技术、网格核心管理技术以及网格底层支持技术。这里重点介绍处于中间层次的网格核心服务技术。

（一）网格核心服务技术

网格技术包括很多，而网格核心服务技术是连接网格底层与高层功能的纽带，是协调整个网格系统有效运转的中枢，对这部分网格技术的研究具有重要的意义。这里对于网格核心服务技术进行粗略地归纳。

1. 高性能调度技术

在网格系统中，大量应用同时运行，这些应用又共享网格的各种资源，任务调度与管理的作用就是根据当前系统负载状况，对系统内的任务进行动态调度，其调度算法及调度过程设计的好坏对系统效率的高低起着至关重要的作用。网格的调度将参考传统的高性能计算中的调度策略和技术进行设计，然而网格调度却更加复杂。网格的异构性、动态性和多样性决定了网格调度需要建立随时间变化的性能预测模型，充分利用网格的动态信息来表示网格性能的波动，而且需要考虑多种环境和条件的影响。

2. 高吞吐率资源管理技术

网格环境包含各种各样的资源，这些资源具有动态变化、地域分布、系统异构等特性。在网格计算中，首先需要查清网格里所有可用资源，比如哪些主机可供访问，还空置多少处理能力，数据库里可供使用的数据是什么，共享的应用程序是否已准备好，共享主机采用何种文件系统等。资源管理的目的就是解决资源的描述、组织、管理等一系列关键问题。高吞吐率的资源管理要求系统满足强健性、扩展性和可移植性。强健性是为了使系统的服务失效时间最小化，一种常见的技术就是检查点技术。而扩展性使得系统可以增加更多的资源，它与可移植性相结合就可以为更多的用户提供服务。在这一系列的资源管理技术中，服务请求者与服务提供者的表示和匹配技术是关键的一环。

3. 性能数据收集、分析和可视化技术

在网格环境下，性能数据收集和分析的意义在于获取运行状态下的相关性能数据，以提高不同应用或者系统的性能。这样通过对性能数据的分析，就可以以此为基准设法提高下次程序运行的效率，或者为系统调度提供指导，或者协助对应用或系统运行过程的动态调整。对于得到的性能数据，需要进行各种分析，包括定量分析、自动性能诊断、扰动分析等，其主要挑战在于数据可视化以及建立与源代码的关联。另外，在提供性能数据的同时，还需要从技术上保证应用程序和主机的安全。网格性能数据一般数据量庞大，关系复杂，在分析的基础上，借助可视化技术可以清晰地展示这些数据所代表的意义，因此可视化也是一项重要的网格技术。

4. 网格安全技术

网格是通过开放的网络环境向用户提供服务的，因此它不可避免地要涉及网格安全问题。网格安全包括的内容非常广泛，如认证、授权、保证、记账、审计、完整性、机密性等。与传统网络应用相比，网格的目标是实现更大范围和更深层次的资源共享，对共享各方的影响更大，所以系统提出的安全需求也更高，其安全问题也更加重要。由于网格系统一般规模大、牵涉面广，并且拥有超强的计算能力，因此，与传统的网络入侵活动相比，如果网格系统一旦遭到攻击破坏或者被非法利用，其潜在的损失更大，潜在的危害更严重。与传统的网络安全实现相比，由于网格环境具有超大规模、分布、异构、动态、可扩展等特性，网格安全所涉及的范围更广，解决方案也更加复杂。

5. 高速网络技术

高速网络技术是在网格计算环境中提供高性能通信的必要手段。通信能力的好坏对网格计算提供的性能影响甚大。要做到计算能力"即连即用"必须要有高质量的宽带高速网络系统的支持，用户要获得安全可靠而且延迟又小的通信服务也离不开高速的网络。

（二）Globus 项目与 Globus Toolkit

Globus 项目是目前国际上最有影响力的网格相关项目之一。它发起于20世纪90年代中期，其最初的目的是把美国境内的各高性能计算中心通过高性能网络连接起来，方便美国的大学和研究机构使用，提高高性能计算机的使用效率。当时在美国建立了一个试验环境——I-WAY[29]，它把位于美国17个不同地点的60多个组织的超级计算机和资源通过高性能网络联系起来，进行大规模科学模拟、协同工程、并行计算等科学研究[36][37][38]，它实际上是 Globus 项目的前身。随着该项目的研究深入，人们希望通过 Globus 项目可以方便地为地理上分布的研究人员建立虚拟组织，进行跨学科的虚拟合作。虽然 Globus 项目是美国 Argonne 国家实验室的研发项目，但自从初始阶段，全美国就有十多所大学和科研机构参与了该项目的研究。目前，Globus 项目正通过与在商业计算领域中广泛应用的 Web Services 技术融合在一起，使该项目的应用不仅仅局限于科学计算领域，而且能够为各种商业应用提供广泛的、基础性的网格环境支持，实现更方便的信息共享和互操作。

Globus 对信息安全、资源管理、信息服务、数据管理以及应用开发环境等网格计算的关键理论和技术进行了广泛的研究，开发出能在多种平台上运行的网格计算工具包软件——Globus Toolkit，该工具包能够用来帮助规划和组建大型的网格试验和应用平台，开发适合大型网格系统运行的大型应用程序。Globus Toolkit 是 Globus 项目最重要的成果，其第一版于 1999 年推出，2002 年初推出 2.0 版，2002 年末到 2003 年初推出了基于 OGSA 体系结构融合了 Web Service 技术的 3.0 版[39]。Globus Toolkit 旨在为计算网格创建基本的基础设施以及高级服务。通过尽可能地增加对重要应用的平均和峰值计算性能，这些服务在无需考虑资源和用户双方的空间分布的情况下仍能体现出很高的创造性。该工具包主要包括以下三个核心高级服务：

1. 网格资源分配管理（GRAM）

GRAM 提供资源分配、过程创建、监控以及管理服务。GRAM 最常见的用途就是远程作业提交与控制工具，然而它不提供作业调度或资源代理的能力。一般而言，作业调度工具通常是由本地系统提供的。GRAM 使用一种高级的资源规范语言 RSL（Resource Specification Language）来指定命令，并将它们映射到本地的调度程序及计算机。

2. 网格安全基础设施（GSI）

GSI 提供了单点登录的方式，这种登录方式可以在需要认证的地方运行，它支持访问权限的本地控制，并且能够从全局映射到本地用户身份。在保持现有 GSI 机制的同时，当前的 GSI3 还通过为 WS-Security[40] 定义简单文档，使其结合了 Web 服务安全标准。

3. 网格信息服务（GIS）

GIS 能够处理与网格资源相关的信息，目的是实现资源的发现、选取以及优化。GIS 的监控与发现服务（MDS）是一种可扩展的网格信息服务，它将数据发现机制和轻量级目录访问协议（LDAP）结合在一起，为提供和访问系统配置和状态信息创建了一个统一的框架。

Globus 工具包的源码向公众开放，遵循 Globus Toolkit Public License（GTPL）协议，任何人都可以从其网站上下载源代码并进行研究和改进。目前，该工具包已经在 NASA 网格（NASA IPG）、欧洲数据网格（Data Grid）、美国国家技术网格（NTG）等众多项目中得到应用。

（三）网格技术的应用

网格从出现至今，已经在越来越多的领域里得到应用和发展，同时也掀起了全球的网络研究的新浪潮，大量的研究项目进行促进了网格技术不断发展。在欧洲，由 CERN 领导的数据网格（Data Grid）投资约 980 万欧元，为全世界各地的科学家提供轻松获取空前丰富的数据资源的捷径。英国政府也投资 1 亿英镑，用来建设英国国家网格（UK National Grid）。

由美国自然科学基金资助的 PACI（Partnership for Advanced Computational Infrastructure）[41][42]项目通过将学术界、政府部分和工业界的力量结合，建立了一个网格计算基础设施的伙伴联盟，以促进科学发现和工程研究进展。还有美国的 NASA（National Aeronautics and Space Administration）构造的一个网格计算试验床，称为 IPG（Information Power Grid）[43]，它可以将 NASA 分布在各地的资源通过网络（包括无线网络）连接起来，解决科学与工程计算与数据管理等难题。美国政府在近十年来对网格基础研究已经累计投入近 5 亿美元，包括国家技术网格（NTG）、分布万亿次级计算设施（DTF）、美国宇航局的 IDG、美国能源部的 ASCI Grid，以及美国军方规划实施的全球信息网格（Global Information Grid，GIG）等网格项目。

亚洲的日本也非常重视网格技术的开发，其开发的基于网格的ITBL（IT Based Laboratory）系统在技术上较为领先，该项目将在5年内投入250亿日元。另外，还有开展了具有通用用途的网格项目Ninf[36]研究。

在中国，网格技术正处于快速发展时期，网格研究的重要战略意义已经逐渐得到认识。网格项目主要有中科院牵头的“国家高性能计算环境”（National High Performance Computing Environment, NHPCE）项目[44]。该项目的长期目标是提高计算网格系统的性能，提高可扩展性及可用性，目前包括北京、长沙、成都、合肥、上海、西安等几个试验节点。另一个重要的项目是由清华大学牵头，建设部支持的重点项目“先进计算基础设施北京上海试点工程”[45]，其目的是建立一个主要为教育系统各单位提供资源共享的科研、教育、培训等高性能计算基础设施，实现跨学科、跨地域合作与人才培养。2001年10月中英两国达成联合展开基于网格技术基础的e-Science研究；2002年又启动了863信息领域高性能计算机及其核心软件专项[46]的网格计算项目。近期，还有一些网格项目的研究也值得注意，如教育部项目“中国网格”(ChinaGrid)[47]以及中科院计算所项目“织女星网格”(Vega Grid)[48]等。

不难看出，目前国内外网格技术和网格应用方面的研究都十分活跃，研究范围从计算、数据到服务应用不断扩大。据《ForbesASAP》预测，网格技术将在2005年达到高峰，并逐步带来因特网的新生。如果网格技术能促使市场按预期的17%年增长率持续成长的话，那么在2020年将会形成一个年产值20万亿美元的大产业。各国纷纷在网格领域开展专项研究以抢占网络发展的战略要地，研究的重点从原来集中于科学计算等的学术研究转向与市场相结合的实用研究以求直接服务于社会生产和各种商业活动。

三 Web Services 与 WSRF

（一）Web Services

Web Services 是指用于架构 Web Service 的整体技术框架，而 Web Service 则是使用 Web Services 技术而创建的应用实例[35]。从技术角度来看，Web Service 可以被认为是一种部署在 Web 上的对象（Web Object），因此，Web Services 具有对象技术所承诺的所有优点；同时，Web Services 的基石是以 XML[49] 为主的、开放的 Web 规范技术，因此，具有比任何现有对象技术更好的开放性。

纵观整个网格的发展过程，无论是现有的开放网格服务基础体系（OGSA，第三章介绍），还是刚刚提出的 WSRF，Web Services 在网格技术中占有越来越重要的地位。Web Services 可以认为是服务组件通过网络协议和 XML 消息传递提供的远程调用接口。它形成了在 Internet 基础上进行分布式计算的基本构造块，应用程序通过使用各种不同来源的 Web Services 构造而成，不管这些服务位于何处或者是如何实现的，它们都可以协同工作。这样就使这些应用程序具备了如松散耦合、面向组件、跨技术实现等特点。Web Services 和网格有着非常密切的联系，其核心是在大规模的异构网络中将各种应用连接起来，用 Web 标准 WSDL、XML、SOAP、ODDI 等将 Internet 从一个通信网络发展成一个应用平台。当网络上有越来越多的 Web Services 实现后，应用程序就可以根据需要从网络上选择 Web Services 动态地构造。从这一点来看，Web Services 和网格非常接近。但是，网格和 Web Services 最根本的区别是，Web Services 解决了网络中永久性服务的问题，而在网格体系中，更多的是临时服务。网格实际上是在 Web Services 的基础上进行了扩展，进而提出了 Grid Services 的概念——满足 OGSI（开放式网格基础结构）[50] 规范的 Web Services，以解决动态的服务需求。

对于网格的实现而言，Web Services 服务框架的优点主要表现在三个方面。第一，Web Services 能提供灵活的服务实现机制。如果支持异构环境下的动态发现和组合服务，便需要一个用来注册和发现接口定义、端节点实现描述的机制，还需要一个（可能是多个）为特定接口动态生成基于绑定的代理的机制。Web Services 的 WSDL（Web Services Description Language）支持这些需求，它通过提供一个标准机制使得接口定义说明与一个特定绑定中的具体实现（传输协议和数据编码格式）相分离。第二，Web Services 的广泛采用意味着一个基于 Web Services 的框架能够使用大量的工具和已有的服务。例如能够为多种语言生成语言绑定的 WSDL 处理器、Web Services 调用框架——WSIF、位于 WSDL 上层的工作流系统以及 Web Services 运行环境等（例如 Microsoft 的 .NET、IBM 的 WebSphere 和 Apache 的 Axis）。第三，突破了科技应用领域。网格概念和网格技术开始是用于科学协作中的资源共享，后来人们发现它们对商业应用来说也是特别重要。借鉴 Web Services 技术从科学协作领域转换到后来的商业领域的成功经验，OGSA 同样可以实现从科技领域到工商业等众多应用领域的调整。

（二）WSRF

WSRF 的提出足以让网格界惊奇。在 2004 年 1 月 20 日的 Globus World 会议上，美国 Argonne 国家实验室首席科学家 Ian Foster 和他的同事提出把 OGSI 的概念向网络服务资源框架（WSRF，Web Services Resource Framework）演化。同时，Ian Foster 指出：WSRF 的提出，重新组织了 OGSI 的概念，这样做的目的是更好地与网络服务一致[51]。

Web 服务资源框架定义了使用 Web Services 来访问有状态资源的一系列规范。它包括 Web 服务资源特性（WS-Resource Properties）、Web 服务资源生命周期（WS-Resource Lifetime）、Web 服务基本故障（WS-Base Faults）和 Web 服务服务组（WS-Service Group）规范。这些新规范的动机是：虽然 Web 服务在它们交互的过程中并不维护状态信息，但是它们的交互必须经常性地为状态操作考虑。也就是说，数据的值通过 Web 服务交互得以持久化，并且作为 Web 服务交互的结果而保存。例如，一个在线的航空订票系统必须维持有关飞行状态、具体顾客的订票以及系统本身状态（它当前的位置、负载和性能）等信息。Web 服务接口如果要允许请求者查询飞行的状态、进行订票、改变订票的状态以及管理订票系统，它就必须提供对状态的访问。在 Web 服务资源框架（Web Services Resource Framework）中，则是把状态作为有状态资源来建模并且通过一个隐含的资源模式使 Web 服务之间的关系条文化[52]。

WSRF 的工作在 2003 年夏末开始，虽然 GGF 的 OGSI 工作组对 WSRF 标准的讨论仍然有很多争议。但是人们已经能够看到网格服务向易于商业应用的网络服务靠拢，网格服务的可用资源数量必将得到增加，应用领域也将得到拓宽。由于 WSRF 的研究不是本书的重点，这里不作详细的论述。进一步的资料可以访问 IBM 网站的 SOA and Web services 技术文档库。

第三节 以复杂理论为基础的物流管理研究综述

一 与物流系统相关的复杂理论

（一）复杂系统与复杂性

关于什么是复杂系统与复杂性的问题，不同学科的人有不同的理解，而且复杂形象仍然不断涌现，因此简单的定义已经不能适应。研究复杂系统较有影响的学派有三个，即欧洲学派、美国学派和中国学派。欧洲学派贡献最大的首推以普利高津为首的布鲁塞尔学派，它开展了远离平衡态和耗散结构理论的研究，并提出复杂性有不同等级的思想，特别考察了“最低复杂性”[53]。美国学派则是以 Santa Fe 研究所最具代表性。1984 年，在诺贝尔奖获得者 Gell. Mann 等人的发起与鼓动下，一批物理学家、理论生物学家、计算机学家和经济学家及其他学科的研究人员聚集于美国新墨西哥州的 Santa Fe，组织了一个松散的研究团体，称为 Santa Fe 研究所（SFI）。其主要研究目标即是对复杂性的研究，并进一步形成有关复杂系统的一般性理论，即复杂性理论。

该组织前期的主要学术观点可概括为：复杂系统是由大量相互作用的单元构成的系统，复杂性的研究内容则是研究复杂系统如何在一定的规则下产生有组织的行为[54]。该组织提出的 CAS（Complex Adaptive System）理论代表复杂性研究和系统理论的一个重要方向，为解决一大类复杂系统问题提供了有效工具。

中国学派的代表是钱学森，他提出了开放复杂巨系统理论（Open Complex Giant Systems，OCGS）及研究方法论，即“定性到定量的综合集成研讨厅”体系[55]。该学派的观点认为：复杂性问题实质上是开放复杂巨系统的动力学特性问题。由于开放复杂巨系统把复杂系统、复杂巨系统、开放复杂系统等作为特殊情况，所以复杂性的研究自然也把这些类系统的动力学特性概括在其范畴之中[56]。该学派的贡献主要是提出复杂性研究的独特思路和方法论，可以分为两个层次。一是从方法论层次划分简单性与复杂性，强调解决复杂性问题必须利用整个现代科学技术体系的知识，对各种理论知识综合集成，对科学知识与非科学知识综合集成，对逻辑思维与非逻辑思维、形象思维综合集成，对机器“智能”和人的智能综合集成，对定性材料和定量数据综合集成。

总之是综合的综合，集成的集成，集大成。这是系统方法最概括的表述。二是具体方法层次，也就是复杂巨系统工程，建立综合集成研讨厅体系，用于复杂巨系统的预测和决策，有很强的可操作性[57]。

（二）复杂适应系统与复杂网络理论

1. 复杂适应系统

1994 年，在 Santa Fe 研究所举行的系列讲座上 John Holland[58] 以“隐藏的秩序”（Hidden Order）为主题作了演讲。在这个演讲中，Holland 在多年研究复杂系统的基础上正式提出复杂适应系统（Complex Adaptive System，CAS）概念。Holland 将复杂适应系统定义为：一个系统经过一定时间后表现出一致性，并且在没有任何其他实体有意识地控制和管理下能够自我组织以适应环境。Roy J. Eidelso[59] 认为复杂适应系统是一个大的、不受中央控制的集合体，其中包含各种不同的以层级形式相互联系的组成部分，这些组成部分相互作用以维持系统的存在和发展。复杂适应系统理论对于认识、解释和管理不同领域的复杂系统提供了新的思路和视角，其基本思想可用一句话概括：“适应性造就复杂性”。当然，这是产生复杂性的机制之一，而不是复杂性的唯一来源。复杂适应系统理论强调主体的主动性，认为个体与环境、个体与其他个体之间的相互影响、相互作用，是系统演变和进化的主要动力。在联系微观与宏观、表现复杂系统中的动态随机因素上，复杂适应系统理论具有很强的能力和独特的优势。目前，它已在经济、生物、生态和环境以及其他一些社会领域和自然科学中得到应用和验证。它的影响正在逐步转播到各个领域，推动人们对于复杂系统行为规律的进一步研究和对复杂性理论与方法的不断创新。

2. 复杂网络

自然界中存在的复杂系统大量是以网络形式存在或者可以通

过网络加以描述的。如神经系统网络、计算机网络、电力网络和社会关系网络等。近年来，科学家们通过大量的统计实验发现，这些真实的网络既不是规则网络也不是随机网络，而是具有不同统计特征的网络形式，称之为复杂网络。图 2－2 显示了现实生活中的复杂网络结构[63]，从左至右分别是美国高速公路网、美国航空线路网和蛋白质网。复杂网络的研究始于 20 世纪 60 年代的 Erdös 和 Rényi 对随机网络的研究，在其后的 40 年时间里他们的随机图模型[60][61][62]一直是复杂网络研究的基础，近年来利用复杂网络进行研究正逐渐成为各学科领域内研究的热点。

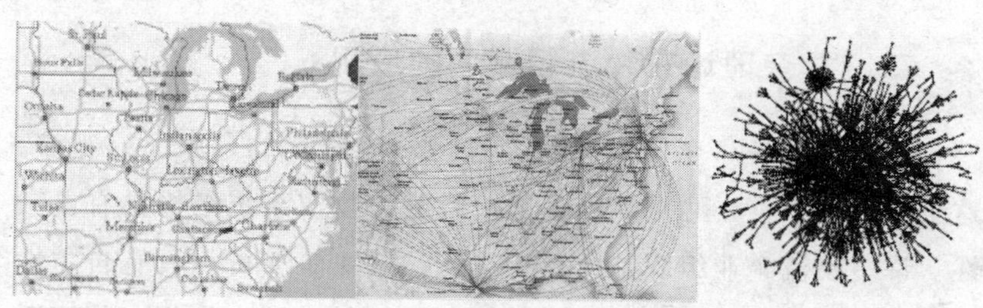

图 2－2　现实网络的复杂结构

复杂网络主要研究对象是具有复杂拓扑结构和动力学行为的大规模网络，它是由大量的节点通过边的相互连接而构成的图。其特征主要表现有三个方面：一是网络中节点之间连接的多样性。复杂网络是由活性节点构成的，各个节点具有不同的特性，并按非线性方式进行状态转化；同时，节点之间的连接内容是多样化的，连接结构是立体动态的。二是网络具有动态演进特征。复杂网络中的局部互动关联性，涌现出网络整体上的动态演化行为模式，而这种行为模式又导致网络结构的不断变化与更替。三是网络之间的交互影响性。各种各样的复杂网络相互连接起来，以复杂的融合方式进行互动并影响各自的行为模式。目前研究的复杂网络统计特征中最重要的是小世界（Small World）效应和无标度（Scale Free）特性。

复杂网络的研究还在不断地摸索和创新中，不断有新的研究领域出现。为了更好地利用这一研究复杂系统的有力工具，对其发展历程和已有研究成果的了解必不可少。值得借鉴和参阅的资料是 R. Albert, A-L Barabási 合写的《Emergence of scaling in random networks》[64] 与《Statistical mechanics of complex networks》[65]，后者对复杂网络研究进行了比较全面的综述。中文的文献方面可参阅吴金闪、狄增加所写的《从统计物理学看复杂网络研究》[66]。

二　复杂理论在物流领域中的应用

物流系统是一个复杂系统，这是不容置疑的。原因有很多，这里只对其中重要两点加以说明。首先，物流系统结构具有复杂性。许多物流企业组织是独立的法人，其决策与行为具有自主性和对周围环境的适应性，这是最显著的特征。研究发现，物流系统呈现复杂的网络组织形态。不同的组织形态包括单一企业、集团、企业联盟、供应链组织、虚拟企业等，它们将随时间变化并且按照不同市场需求进行物流业务往来，关系网络形态呈现链状、树状、双向树状、星状等。物流系统中存在着数量众多的设施、设备、人员等实体，由于空间分布分散、实体性质具有较大差异性等原因，物流系统实体具有复杂性。

其次，物流系统的复杂性产生于系统的不确定性。物流系统环节众多，各环节都存在着不确定性。在供应、生产和销售的各个阶段都要牵涉人的活动，而且还要与变幻莫测的市场打交道，内因、外因的交错影响下产生了系统的不确定性。除此之外，物流系统各方之间的物流信息不可能做到信息的完全对称，因此这种不确定性不可避免。

总体而言，应用复杂理论研究物流领域中相关问题还比较少，研究的层次也有待提高。这些应用研究主要可以归纳为以下两个方面：应用复杂理论进行物流系统的设计和优化的应用，应用复杂理论对物流管理过程进行再认识。

前者的研究相对较多，包括物流系统优化和物流系统仿真。例如：

李懋[67]针对配送网络优化中的三大关键问题：交通网络、配送中心选址和配送路线优化，提出了基于复杂系统理论的物流配送网络优化模型，主要借助的工具是元胞自动机和遗传算法。

朱卫锋[68]提出了复杂物流系统的概念，并将集中式仿真和分布式多代理仿真结合在一起，构造了一种集成的复杂物流系统仿真体系结构。进而，以敏捷后勤仿真系统的构造为例，进一步探讨了复杂物流系统建模与仿真的相关理论和方法在具体环境中的应用。

王飞跃、戴汝为等[69]利用人工系统、计算实验、平行系统等新复杂理论与方法，从定性到定量的综合集成方法及并行分布式高性能计算技术，对解决城市交通、物流和生态等城市化问题的有效解决方案进行了初步的研究。并提出在市场机制的影响下，应可以建立起一个以物流企业为基本个体的人工系统，个体的行为表现为车辆、货物等要素的移动。对一系列相关问题进行研究，以解决如下的四个问题：（1）物流领域内政府行为与企业行为的协同分析；（2）第二方物流企业战略对市场的适应性分析；（3）社会物流系统运行绩效评价；（4）物流活动与交通系统的互动关系。

对于后者——应用复杂理论对物流管理过程进行再认识，这方面的研究需要对物流和复杂理论两方面进行深入地研究，对物流管理从复杂理论的思想高度进行重新审视。初步的研究成果有：

白世贞、王文利[70]从系统的自组织角度出发，提出了物流企业空间聚集演化动力学系统建模方法，并利用这一工具分析了以北京、天津、上海等地为代表的区域物流投资吸引力及聚集特性。

王玉琳、王诤诤[71]对物流管理系统组成的多元复杂性、功能的整体相干性、运作机制的随机动态性和开放性等特征进行了分析，以求对物流管理系统有一个客观全面的认识。

另外，邓硕华[72]利用复杂系统理论说明了大型企业物流改革的必要性及努力方向。

第四节　物流信息化与网络化研究综述

一　物流信息化与物流网络化研究

（一）信息技术角度的信息化研究

早期的物流信息化的研究是从物流信息技术（Logistics IT）在物流领域的战略重要性的研究以及技术方法的实现开始的。例如，Langley 讨论了有效的物流信息技术的战略价值[73]，他认为信息管理应该首先集中于商业需求，然后才是提供正确信息的硬件和软件设施。同样的，Kerr 则指出需要将物流活动通过物流信息技术与企业战略规划相连接[74]。在有关仓储业的研究中，Stock 列举了企业利用物流信息技术获得竞争优势的例子[75]。Introna 提出理解信息与物流、依照商业流程整合信息技术、提高客户承诺和服务支持是信息时代物流管理的三个关键因素[76]。Closs 等则用了一些经验数据说明了 IT 能力显著地影响了物流能力[77]。相对于这些针对物流信息技术作用的研究，还有不少研究是从物流信息化的实现手段上着手的。如 EDI（Electronic Data Interchange）和 LIS（Logisitics Information Systems）等，这些信息化要素就出现在 Closs[78]，Fox[79]，Emmelhainz[80]，Daugherty[81]的相关研究之中。有关物流业计算机化、信息化的过程还可以参考 Martland 和 Waters[82]，Gustin[83]，Stenger[84]，Langley[85]，Mentzer[86]，Closs 和 Frankel[87]等的相关论述。

（二）物流信息网络化研究概述

物流信息网络化是物流信息化的必然发展。自从 EDI 的引入，物流信息就开始跨出企业的边界，信息网络化从此萌芽。供应链以及供应链管理的提出、电子商务的兴起为信息网络化提供了商业需求，以互联网为代表的网络技术的出现则为物流信息网络化提供了必要手段。物流信息网络化研究也是从这两个方面进行的。

一方面，供应链管理使得管理者关注的焦点迅速地集中到物流信息资源在供应链范围内的整合上。一种较为流行的观点认为，通过自由流动的标准化信息可以增强供应链物流运作的效率和顾客响应能力。例如，通过定义一个能够成功实施整个物流过程的“整合企业”，Gustin 等人[88][89]的研究显示这种整合企业相对于非整合企业具有更高的多种物流信息的计算机实现能力和更高水平的物流信息可用性。Daugherty 等人[90]则通过对仓储行业的调查，发现物流信息的可用性和供应链共同响应能力的正相关性。White[91]认为 Internet 通过信息共享和及时的跨系统通讯构成了供应链管理中最弱的连接，但是其重要性确是不容忽视的。Mohta[92]，Smith[93]在各自的研究中发现 Internet 拓宽了企业的空间，通过网络企业可以寻找到更多的潜在贸易伙伴，也能够更容易、更实时地增加或减少贸易伙伴的数量。Tucker 则认为 EDI 仍然是供应链合作伙伴间 Extranet 的默认标准[94]。

对于电子商务模式的研究也较多地涉及物流信息的整合。

E. Chang，W. Gardner 等对电子商务过程中的物流矛盾提出了一个基于虚拟物流网络和 E-Hub 的结构体系[95]。Auramo，Aminoff，Punakivi 认为 E-Commerce 的进行有利于物流业务流程再造，而且他们指出确立 E-Commerce 对于物流运作和供应链效率的影响程度问题的研究具有较强的必要性[96]。Taylor[97]，Gorbach[98]，Hoque[99]以及 May[100]等都对企业电子商务过程中物流活动的分析提出一些规则、步骤、概念和需要解决的问题，但是并没有提出一个实用的解决办法。N. Marcoux 等提出了在电子商务环境下物流业务流程再造实现的过程，以及通过各种反馈信息实现的自我诊断[101]。

另一方面，网络时代的到来提供了物流企业跨出企业边界，探索实现整合供应链之外物流资源的信息通道，物流信息网络化的实现成为新一轮的研究热点。首先引起人们注意的是物流信息平台的建设。这部分的研究已经在本章第一节中介绍过了，这里不再赘述。需要介绍的是两个目前已经实现的物流信息网络例子。第一个是美国国防后勤局（Defense Logistics Agency）于 2003 年 10 月推出的名为 Defense Logistics Information Service（DLIS）的庞大物流信息系统，其主要部分就是 Logistics Information Networks（LINK）[102]。这套系统的主要目的是为用户提供一个进入多功能物流信息系统的简单入口以支持物流供应渠道的可见性。LINK 包含有 PCLINK 和 WebLINK 两部分，并为物流决策和研究提供条目识别、资源可视化与历史档案、订单状态三类服务。第二个是 Global eXchange Services 公司推出的 X4 Logistics Network[103]。这是一个虚拟物流信息网络产品，它可以确保相互合作的物流服务提供者之间高质量的信息共享，并为流通渠道上的企业提供了一个资源丰富的安全信息平台。关于它的具体细节，第三章还将涉及。

（三）国内物流信息化、网络化研究概述

随着物流信息化进程的推进，针对物流信息的研究日益受到人们的重视，物流信息网络化的呼声也渐高。最近，国内物流专家李京文[104]、戴定一[12]、马士华[105]、鞠颂东[106]等针对目前物流信息化、网络化高屋建瓴地提出了一些积极的建议，引起了各界人士的广泛思考。

传统的物流信息系统是企业实现物流信息化的重要工具，因此前期物流信息化、网络化的研究分别集中在企业的信息化实现和公共的物流信息平台研究之上。而新近的一些研究则开始着重考虑先进信息处理技术的应用。如钱晓江《物流信息系统体系结构》[107]论述了以航运为主业的大型物流信息系统体系结构的设计，在提出的体系结构设计方案中采用了集中分布式的网络体系结构和数据分布结构。并采用了冗余技术和群集技术，以满足高可靠性和安全性。饶飚在其学位论文中对第三方物流企业仓储管理信息系统的分析与设计进行了系统的研究[108]。还出现了大量使用网络技术应用于物流信息系统和物流信息平台的研究。例如，吴建军、刘军在《基于 Internet 环境下的现代物流企业配送信息网络平台研究》[109]一文中深入分析了配送信息平台。文章通过分析 Internet 环境下物流配送的特点，提出了物流信息网络中 Internet 应用的相关优化技术，建立了物流企业配送信息网络平台的框架结构和信息处理流程，并讨论了信息网络平台的安全机制问题。在最近的研究中，技术实现方面的研究可以参阅潘锦基[110]、徐常凯[111]、高琳琦[112]、李和平[113]等发表的论文；案例研究可参阅裴峰[114]、刘宝学[115]、阮洋[116]等人的学位论文。

目前，直接针对物流信息网络的探讨也较为频繁，显示了人们对于物流信息化和网络化进程的深入思考。如吴巧珍的《现代物流信息网络建设模式探讨》[117]一文阐述了现代物流信息管理系统在物流行业中的地位及作用，提出了设计现代物流信息管理系

统的基本原则，应用最先进的科学技术完成系统之间的数据交换，进行规范化处理加以存储，实现信息资源共享的问题。陈福集、郑小雪[118]提出了物流信息网络系统的一般概念和区域物流信息网络系统的结构、层次、组成和功能以及构建区域物流公共信息平台的关键模块。应该看到，已有的研究还只是一个开始，对于物流信息网络化的研究还有许多问题亟待解决。例如物流信息网络资源大范围共享要求的高性能的信息处理能力就是横亘在我们面前的一条技术鸿沟。

二 网格思想在物流领域的应用

网格不仅是一种技术，也是一种思想，正以其先进的理念和卓越的性能向各领域渗透。以应用服务提供商（ASP）提供的分布式物流信息系统、平台为技术后盾，近期涌现出了一些网格与物流、物流信息系统等相融合的研究。如涉及供应链管理系统的研究有：赵新娟、谭国真等[119]把先进的供应链管理技术、信息技术、数据通信技术及计算机处理技术等有效地综合运用，提出了基于网格计算的供应链管理系统模型。涉及物流信息体系结构的研究有：张锦、杨东援[120]结合网格计算和物流信息网格的体系结构研究的最新进展，对现代物流信息网格的体系结构模型进行了深入研究，并建立了现代物流信息网格的体系结构模型——六层次体系结构模型。最近，黄超、黄必清、李春平在《物流资源网格环境中资源集成框架的研究》[121]一文中提出了面向网格服务架构的物流资源网格，这是一个基于 Globus Toolkit 和开放网格服务架构构建了物流资源网格环境中的资源集成框架。颜波、黄必清等发表的《网格研究现状及其在制造业中的应用》[122]一文列举了清华大学 CIMS 中心在研的课题——网络化制造资源网格（Networked Manufacturing Resource Grid），该课题提出在研究网络化制造过程中应用网格系统的体系结构，建立网络化制造资源网格系统平台，并重点研究和实现了物流网格和设计网格。该项目是对于将网格应用于物流、销售、设计等传统业务领域的有益探索。李根柱等在其论文《网格技术在物流领域中的应用——物流网格的构想》[123]中从现代物流发展需求的角度分析了物流网格的必要性，并提出了物流网格的概念，简述了网格技术在物流领域中的应用模式和预期效果。在细节实现方面，马珂绛[124]阐述了GIS网格化在物流中的使用，以及在物流系统的虚拟化发展方向中如何与空间地理信息的研究紧密相连。其所谓的GIS网格化就是在网格框架下空间信息的各种处理能力都可表达为网格服务。

目前国际上发表的关于物流信息网络与网络互联技术结合的研究还较少见，较为接近的研究是L. Kacsukné Bruckner等人发表的一系列关于整合物流服务的电子市场网格解决方案的研究[125][126][127]。它将网格技术应用到电子商务领域并考虑到了物流的参与，物流系统仅起到了对电子市场的辅助和支持作用，但是物流信息资源的功能并没有很好体现。Wenliang Bian，Songdong Ju发表的《Grid and Logistic Networks》[128]一文开始以物流研究为出发点，并将注意力转移到未来互联网络形式——网格之上，研究在新环境中如何规划物流网络，特别是信息网络的合理搭建和运作，提出了基于物流信息服务平台（LISP）的基本框架。

网格和物流，特别是物流信息网络的研究方兴未艾，虽然很多研究还只是一个概念或者框架，但是研究思想的意义重大，正吸引着越来越多学者的兴趣。而且，更深一层次的研究正在相继展开，以便为未来应用到物流的实践中提供可靠的理论保证。鉴于定量化的分析相对缺乏，本书将紧紧抓住计算机科学和系统科学的研究成果，结合物流信息自身的特点，提出适应网格环境的物流信息网络构建方案并试图对运行过程、运作效率进行透彻分析。

第五节　小结

本章是对物流信息网络研究的基本理论、基本方法的综述。通过系统地介绍传统的物流信息网络理论基础——IRM、MIS 以及物流信息平台，可以初步了解本书研究的起点和历史积累。本章还重点介绍了网格基础知识和复杂理论。网格技术将带来信息科技的新一轮变革，网格环境是物流信息研究必须考虑的技术因素。而复杂理论，尤其是复杂网络理论将为越来越复杂的物流信息网络研究带来有力的分析工具。最后，本章总结了物流信息化和物流网络化研究的成果，对于网格思想在物流领域的应用研究也作了简要分析。

参考文献

[1] F. W. Horton Jr，*Information Resources Management*，Englewood Cliff, NJ：Prentice Hall，1985.

[2] Synnott W. R.，Gruber W.，*Information Resource Management*：*Opportunities and Strategies for the 1980's*，Now York：John Wiley，1981.

[3] 钟义信：《国民经济信息化与“CHINA 计划”》，载国家自然科学基金委员会编《高速信息网络与并行处理研讨会论文集》，1994。

[4] 孟广均、沈英、郭志明：《信息资源管理导论》，北京，科学出版社，1998。

[5] Cronin B.，*Information management*：*From strategies to action*，*London*：Aslib，1985.

[6] 赖茂生：《信息资源管理教程》，北京，清华大学出版社，2006。

[7] 潘大莲、黄巍：《信息资源管理的概念、技术和实践》，北京，中国大百科全书出版社，1994。

[8] Umbaugh R., *Defining a corporate information policy*, Journal of Information System Management, Spring, 1984 (1): 3-8.

[9] 王进孝:《网络商务信息资源管理的理论与实践研究》,中国科学院研究生院博士学位论文,2002。

[10] 薛华成:《管理信息系统》(第三版),北京,清华大学出版社,1999。

[11] 王正文:《物流信息平台建设》,《东南大学学报(哲学社会科学版)》2002年第S2期。

[12] 戴定一:《我国物流信息化战略发展规划的思考》,《物流技术与应用》2003年第9期。

[13] 王健、毛海军、华文静:《城市物流信息平台研究》,《交通与计算机》2004年第5期。

[14] 施先亮、周建勤、林自葵:《建设物流信息平台促进现代物流发展》,《中国物流与采购》2002年第13期。

[15] 高俊、杨家其:《试论物流信息平台的构建》,《物流科技》2004年第1期。

[16] 郭建华:《区域物流信息平台的分析和设计》,东南大学博士学位论文,2002。

[17] 苏志远、周晓光、廖启征:《统一的物流信息平台探析》,《物流技术》2005年第8期。

[18] 刘兴景、戴禾、杨东援:《物流信息平台发展规划框架分析》,《物流技术》2001年第1期。

[19] Comyn-Wattiau I., Akoka J., *Logistics Information System Auditing Using Expert System Technology*, Expert Systems With Applications, 1996, 2 (4): 463-473.

[20] 刘鹏:《网格应用现状与分析——从应用看网格(第2.1版)》,2003, www.chinagrid.net/grid/paperppt/bigfile/paperppt/App1icantionOfGrid21.zip。

[21] 都志辉:《网格计算》,北京,清华大学出版社,2002。

[22] Foster I., Kesselman C., *The Grid: Blueprint for a New Computing Inrastructure*, San Fransisco. CA, Morgan Kaufmann Publishers, 1999.

[23] Foster I., *Internet Computing and the Emerging Grid*, Nature Web Matter, 2000 - 12 - 07, http: //www. nature. com/nature/webmatters/grid/grid. html.

[24] Willam Johnston, http: //www. itg. lbl. gov/ ~johnston/grids/.

[25] 美国能源部科学网格，DOE Science Grid. http：//doesciencegrid. org/.

[26] Foster I., Kesselman C., *The Grid2*: *Blueprint for a new computing infrastructure*, San Francisco: Morgan Kaufmann Publishers, 2004.

[27] 刘世昕：《信息技术的下一波浪潮 GGG 会取代 WWW》，http：//news. enet. com. cn/article/20020412/20020412204149_1. xml，2002 - 04 - 12。

[28] Foster I., Kesselman C., Tuecke S., *The anatomy of the grid*: *Enabling scalable virtual organizations*, International Journal of Supercomputer Applications, 2001, 15 (3): 200 - 222.

[29] I-WAY Project, http: //www. iway. org/。

[30] IBM 与 AMD 开发全球最快超级计算机，2006 - 09 - 18，http：//searchsmallbizit. techtarget. com. cn/xinwen/129/2581129. shtml.

[31] Foster I. 网格演讲材料，http：//www-fp. mcs. anl. gov/ ~ foster/talks/wwwgridsmay2002. ppt，http：//www-fp. mcs. anl. gov/ ~ foster/talks/gridtutorial. ppt.

[32] 高宏卿：《基于网格的远程教学研究》，华东师范大学博士学位论文，2004。

[33] Foster I. 演讲材料，http：//www-fp. mcs. anl. gov/foster/Talks/WWW-Gridsmay2002. ppt，http：//www-fp. mcs. anl. gov/foster/Talks/GridTutorial. ppt.

[34] Global Grid Forum homepage, http: //www. gridforum. org.

[35] 柴晓路、梁宇奇：《Web Services 技术、架构和应用》，北京，电子工业出版社，2003。

[36] Ninf, *Network Infrastructure for Global Computing*, http: //ninf. etl. go. jp.

[37] Smarr L., Catlett C., Metacomputing, Communication of the ACM,

1992，35 (6)：44－52.

[38] 美国能源部的科学网格，DOE Science Grid，http：//doesciencegrid. org.

[39] 美国地球系统网格，ESG.，http：//www. earthsystemgrid. org.

[40] Ws-secure，htp: //www-106. ibm. com/developerworks/library/ws-secure.

[41] NCSA Project，http: //www. ncsa. uisa. uiuc. edu.

[42] NPACI Project，http: //www. npaci. edu.

[43] Johnston W. E.，Gannon D.，Nitzberg B.，*Information Power Grid Implementation Plan*：*Research*，*Development*，*and Testbeds for High Performance*，Widely Distributed，Collaborative Computing and Information Systems Supporting Science and Engineering，NASA Ames Research Center，http: //www. nasa. gov/IPG，1999.

[44] Chinese NHPCE Project，http: //www. grid. ac. cn.

[45] Chinese ACI of MOE Project，http: //aci. cs. tsinghua. edu. cn，http: //www. hpclab. shu. edu. cn.

[46] 863 网格计算专项，http：//www. 863. org/863_105/applygide/applygide2/information2_app/200206270024. html。

[47] 中国国家网格，http：//www. chinagrid. com.

[48] 徐志伟、李伟：《织女星网格的体系结构研究》，《计算机研究与发展》2002 年第 8 期。

[49] Brett D. McLaughlin，Justin Edelson，Java & XML (3e)，O'Reilly，2007.

[50] Tuecke S.，Czajkowski K.，Foster I.，Frey J.，Graham S.，Kesselman C.，Maguire T.，Sandholm T.，Snelling D.，Vanderbilt P.，Open Grid Services Infrastructure Version 1.0，Global Grid Forum Draft draft-ggf-ogsi-gridservice-29，2003，www. ggf. org/documents/Drafts.

[51] 中国网格论坛，Ian Foster：最近网格界的变化，http：//www. chinagrid. net/dvnews/show. aspx? id＝842&cid＝14，2005－3－12。

[52] Web 服务资源框架（Web Services Resource Framework），IBM，2004－4－01，http：//www－128. ibm. com/developerworks/cn/web-

services/ws-resource/.

[53] 伊·普利高津、伊·斯唐热：《从混沌到有序》，曾庆宏、沈小峰译，上海，上海译文出版社，1987。

[54] Stewart L. , *New Scientist Suppl.* , 1993 (2): 2 - 3.

[55] 钱学森、于景元、戴汝为：《一个科学新领域——开放的复杂巨系统及其方法论》，《自然杂志》1990 年第 1 期。

[56] 戴汝为、沙飞：《复杂性问题研究综述：概念及研究方法》，《自然杂志》1995 年第 2 期。

[57] 苗东升：《复杂性研究的现状与展望》，《系统辩证学学报》2001 年第 4 期。

[58] Holland J. , *Hidden Order: How Adaptation Builds Complexity*, Menlo Park Ca. : Addison-Wesley Pub. , 1993.

[59] Eidelson Roy J. , *Complex Adaptive Systems in the Behavioral and Social Sciences*, Review of General Psychology, 1997, 1 (1): 42 - 71.

[60] Erdös P. , Rényi A. , *On Random Graphs*, Publications Mathematicae, 1959, 6: 290 - 297.

[61] Erdös P. , Rényi A. , *On the Evolution of Random Graphs*, Publications of the Mathematical Institute of the Hungarian Academy of Science, 1960, 5: 17 - 61.

[62] Erdös P. , Rényi A. , *On the strength of connectedness of a random graph*, Acta Mathematica Scientia Hungary, 1961, 12: 261 - 267.

[63] Hawoong Jeong, *Complex Scale-free Networks*, Physica A, 2003, 321: 226 - 237.

[64] Barabási A. -L. , Albert R. , *Emergence of scaling in random networks*, Science, 1999, 286: 509 - 512.

[65] Albert R. , Barabási A-L. , *Statistical mechanics of complex networks*, Review of Modern Physics, 2002, 74: 47 - 97.

[66] 吴金闪、狄增加：《从统计物理学看复杂网络研究》，《物理学进展》2004 年第 1 期。

[67] 李憋：《基于复杂系统理论的配送网络优化研究》，西北工业大学

学位论文，2006。

[68] 朱卫锋:《复杂物流系统仿真及其应用方案研究》，华中科技大学学位论文，2004。

[69] 王飞跃、戴汝为、张嗣瀛、陈国良、汤淑明、杨东援、杨晓光、李平:《关于城市交通、物流、生态综合发展的复杂系统研究方法》,《复杂系统与复杂性科学》2004 年第 2 期。

[70] 白世贞、王文利:《基于复杂系统的物流企业空间聚集研究》,《物流科技》2006 年第 2 期。

[71] 王玉琳、王诤诤:《现代物流管理系统的复杂性分析》，《系统辩证学学报》2003 年第 4 期。

[72] 邓硕华:《复杂系统理论在大型企业物流改革中的应用》，《企业技术开发》2005 年第 12 期。

[73] C. J. Langley Jr., *Information-based decision making in logistics management*, International Journal of Physical Distribution and Materials Management, 1986, 15 (7): 41 - 55.

[74] A. Kerr, *Technology-creating strategic opportunities for logistics*, International Journal of Physical Distribution & Logistics Management, 1989, 19 (5): 15 - 17.

[75] Stock J. R., *Managing computer, communication and information technology strategically: opportunities and challenges for warehousing*, Logistics and Transportation Review, 1990, 25 (2): 133 - 148.

[76] Introna L. D., *The impact of information technology on logistics.* International Journal of Physical Distribution & Logistics Management, 1991, 21 (5): 32 - 37.

[77] Closs D. J., Goldsby T. J., Clinton S. R., *Information technology influences on world class logistics capability*, International Journal of Physical Distribution & Logistics Management, 1997, 27 (1): 4 - 17.

[78] Closs D. J., *Positioning information in logistics.* in J. F. Robeson, W. C. Capacino. The Logistics Handbook. Free Press. New York. NY, 1994, 699 - 713.

[79] Fox T. , *Logistics information systems design.* in J. F. Robeson, W. C. Capacino. The Logistics Handbook. Free Press. New York. NY, 1994, 714 - 736.

[80] Emmelhainz M. A. , *Electronic data interchange in logistics.* in J. F. Robeson, W. C. Capacino. The Logistics Handbook. Free Press. New York. NY, 1994, 737 - 756.

[81] Daugherty P. J. , *Strategic information linkage*, in J. F. Robeson, W. C. Capacino. The Logistics Handbook. Free Press. New York. NY, 1994, 757 - 769.

[82] C. D. Martland, W. G. Waters II. , *The adoption of microcomputers: strategies and implications*, Logistics and Transportation Review, 1984, 20 (4): 309 - 314.

[83] Gustin C. M. , *Trends in computer applications in transportation and distribution management*, International Journal of Physical Distribution and Materials Management, 1984, 14 (1): 52 - 60.

[84] Stenger A. J. , Information systems in logistics management: past, present, and future, Transportation Journal, 1986, 26 (1): 65 - 82.

[85] C. J. Langley Jr, D. P. Carlisle, S. B. Probst, D. F. Biggs, R. E. Cail, *Microcomputers as a logistics information strategy*, International Journal of Physical Distribution & Logistics Management, 1988, 18 (6): 11 - 17.

[86] Mentzer J. T. , Schuster C. P. , Roberts D. J. , *Microcomputer versus mainframe usage in logistics*, Logistics and Transportation Review, 1990, 26 (2): 115 - 132.

[87] Closs D. J. , Frankel R. , *The selection and use of logistics information software*, Proceedings of the Annual Meeting of the Council of Logistics Management, Council of Logistics Management. Oak Brook, 1992, IL: 91 - 102

[88] Gustin C. M. , Stank T. P. , Daugherty P. J. , *Computerization: supporting integration*, International Journal of Physical Distribution & Logistics Management. , 1994, 24 (1): 11 - 16.

[89] Gustin C. M., Daugherty P. J., Stank T. P., *The effects of information availability on logistics integration*, Journal of Business Logistics, 1995, 16 (1): 1-21.

[90] Daugherty P. J., Ellinger A. E., Rogers D. S., *Information accessibility: customer responsiveness and enhanced performance.* International Journal of Physical Distribution & Logistics Management, 1995, 25 (1): 4-17.

[91] White A. G., *Internet-enabled supply chain management*, EDI World, 1996, 6 (8): 10.

[92] Mohta P., *The Internet: Where Businesses do Business*, Electronic Commerce World, 1997, 7 (9): 20-21.

[93] Smith H., *Caught in the Web: can value-added networks survive Internet EDI?* Electronic Commerce World, 1996, 6 (7): 44-46, 48.

[94] Tucker M. J., *EDI and the Net: a profitable partnering*, Datamation, April. Varney S E, 1997, http: //www. datamation. com.

[95] Chang E., Gardner W., Talevski A., Kapnoullas T., *A Virtual Logistics network and an E-Hub as a Competitive Approach for Small to Medium Size Companies*, http: //www-staff. it. uts. edu. au/ ~ rajugan/publication/virtual_logistics. pdf, 2004.

[96] Auramo J., Aminoff A., Punakivi M., *esearch agenda for e-business logistics based on professional opinions*, International Journal of Physical Distribution & Logistics Management, 2002, 32 (7): 513-531.

[97] Taylor S., *E-commerce best practices*, APICS-The Performance Advantage, 2000, 10 (11): 38-44.

[98] Gorbach G., *Seven fundamentals of e-manufacturing*, Manufacturing Systems, 2000, 18 (11): 120.

[99] Hoque F., E-enterprise: Business models, architecture, and components, New York: Cambridge University Press, 2000.

[100] May P., The business of eCommerce from corporate strategy to technology, New York: Cambridge University Press, 2000.

[101] Marcoux N., Langevin A., Riopel D., *Re-engineering of Logistics Activities for Electronic Commerce*, Les Cahiers du GERAD, 2003, 10.

[102] Logistics Information Networks, www. dlis. dla. mil/link. asp.

[103] X4 Logistics Network, http: //www. gxs. com/gxs/newsroom/pr/2004/05262004. htm .

[104] 李京文、宗刚:《现代物流管理中的信息网络化及其实施对策》,《2000 年现代物流与电子商务国际研讨会论文集》, 2000。

[105] 马士华、董凤娜:《信息流分离点与物流分离点相结合的物流敏捷性研究》,《工业工程与管理》2006 年第 2 期。

[106] 鞠颂东、徐杰:《物流网络理论及其研究意义和方法》,《中国流通经济》2007 年第 8 期。

[107] 钱晓江:《物流信息系统体系结构》,《东南大学学报（自然科学版)》2001 年第 6 期。

[108] 饶飏:《第三方物流企业仓储管理信息系统的分析与设计》, 华中科技大学学位论文, 2005。

[109] 吴建军、刘军:《基于 Internet 环境下的现代物流企业配送信息网络平台研究》,《土木工程学报》2003 年第 1 期。

[110] 潘锦基、周良、丁秋林:《基于 J2EE 的物流信息系统设计与实现》,《计算机工程与应用》2003 年第 26 期。

[111] 徐常凯、李继军、郭志明:《基于 Web 的网络数据库技术在物流信息系统中的应用》,《物流科技》2002 年第 5 期。

[112] 高琳琦、李龙洙:《基于反应式主体的物流信息系统设计》,《计算机工程与应用》2002 年第 16 期。

[113] 李和平:《基于分布式对象与数据库的物流信息系统》,《湖北化工学院学报》2002 年第 6 期。

[114] 裴峰:《上海石化物流信息系统开发研究》, 上海海事大学学位论文, 2005。

[115] 刘宝学:《基于 GIS 的物流信息系统设计研究——以唐山金益物流公司为例》, 河北师范大学学位论文, 2006。

[116] 阮洋:《现代物流信息系统研究》, 西安电子科技大学学位论

文，2005。

[117] 吴巧珍：《现代物流信息网络建设模式探讨》，《情报技术》2003年第3期。

[118] 陈福集、郑小雪：《区域物流信息网络系统的研究》，《物流技术》2006年第3期。

[119] 赵新娟、谭国真、王寻羽：《基于网格计算的供应链管理系统模型研究》，《计算机应用研究》2004年第4期。

[120] 张锦、杨东援：《现代物流信息网格的体系结构模型》，《科技导报》2005年第10期。

[121] 黄超、黄必清、李春平：《物流资源网格环境中资源集成框架的研究》，《计算机集成制造系统》2005年第5期。

[122] 颜波、黄必清、郑力、肖田元：《网格研究现状及其在制造业中的应用》，《计算机集成制造系统》2004年第9期。

[123] 李根柱、杜潇潇、申金生、高岩：《网格技术在物流领域中的应用——物流网格的构想》，《物流技术》2006年第1期。

[124] 马珂绛：《支持OGSA的网格安全基础设施研究和改进》，浙江工业大学学位论文，2005。

[125] L. Kacsukné Bruckner, T. Kiss, *Grid Solution for e-Marketplaces Integrated with Logistics*. Conf. Proc. of the DAPSYS 2004 Conference, Budapest, Hungary, 2004, September, 19－22.

[126] L. Kacsukné Bruckner, J. Cselényi, *A Grid-based E-marketplaces Model Integrated with Logistics*, Mipro 2004 International Scientific Conference, Opatija, Croatia, 2004.

[127] L. Kacsukné Bruckner, J. Cselényi, E-marketplaces Model Integrated with Logistics, MicroCAD 2004 International Scientific Conference, Miskolc, Hungary, 2004.

[128] Bian W. L., Ju S. D., *Grid and logistic networks*, Dynamics of continuous discrete and impulsive systems-series B, Sp. Iss. SI, 2005 (2): 641－646.

第三章 物流信息网络体系构建

第一节　网格体系结构

网格体系结构是关于如何构建网格的技术，它包括两个层次的内涵：一是要标识出网格系统由哪些部分组成，清晰地描述出各个部分的功能、目的和特点；二是要描述网格各个组成部分之间的关系，如何将各个部分有机地结合在一起，形成完整的网格系统，从而保证网格有效地运转，也就是将各个部分进行集成的方式或方法。网格研究的权威 Ian Foster 将网格体系结构定义为："划分系统基本组件，指定系统组件的目的与功能，说明组件之间如何相互作用的技术。"显然，网格体系结构是网格的骨架，只有建立合理的网格体系结构，才能设计和构建好网格。

到目前为止，主流的网格体系结构主要有三个：第一个是 Ian Foster 等人在早些时候提出的五层沙漏结构（Five-Level Sandglass Architecture）；第二个是在以 IBM 为代表的工业界的影响下考虑到 Web 技术的发展与影响，Ian Foster 等人结合五层沙漏结构和 Web Services 技术而提出的开放网格服务体系结构（Open Grid Services Architecture，OGSA）；第三个是由 Globus 联盟、IBM 和 HP 于 2004 年初共同提出的 Web 服务资源框架（Web Service Resource Framework，WSRF），WSRF v1.2 规范已于 2006 年 4 月 3

日被批准为结构化信息标准促进组织（Organization for the Advancement of Structured Information Standards，OASIS）的标准。本节内容主要参考《网格计算》（第二版）[1]以及IBM中国网站的相关资料[2]。

一　五层沙漏结构

五层沙漏结构是一种影响十分广泛的结构，它的主要特点就是简单，主要侧重于定性的描述。它不是具体的协议定义，而是对该结构中各部分组件的通用要求进行定义，而且将这些组件形成一定的层次关系，因此比较容易从整体上进行理解。其基本思想就是以“协议”为中心，强调服务，突出API（Application Programming Interfaces）和SDK（Software Development Kits）的重要性。

五层沙漏结构根据该结构中各组成部分与资源的距离，将对共享资源进行操作、管理和使用的功能分散在五个不同的层次中，由下至上分别为构造层（Fabric Level）、连接层（Connectivity Level）、资源层（Resource Level）、汇聚层（Collective Level）和应用层（Application Level）。五层结构的另一个重要特点就是沙漏形状，主要因为核心协议部分既需要实现上层各种协议向核心协议的映射，同时也需要实现核心协议向下层其他各种协议的映射。这种核心协议应能够在所有支持网格服务的地方都得到支持，因而协议数量不应该太多，因此核心协议成了协议层次结构中“沙漏”的瓶颈部分。如图3-1所示。

下面对五层的功能特点分别进行描述。

（一）构造层

构造层的基本功能是控制局部的资源，包括查询机制（发现资源的结构和状态等信息）、控制服务质量的资源管理能力等，并向上提供访问这些资源的接口。构造层资源是非常广泛的，可

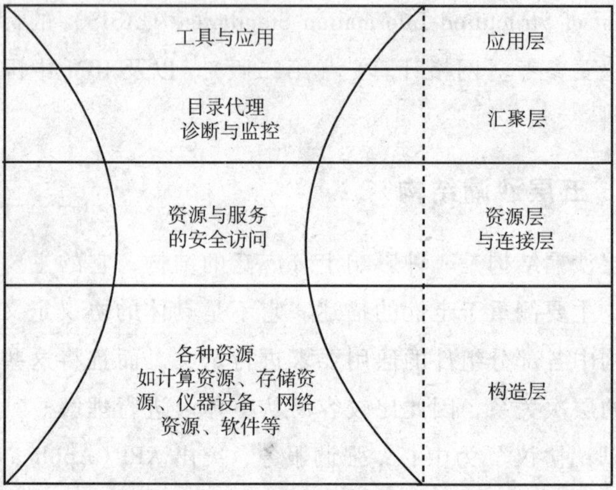

工具与应用　应用层

目录代理
诊断与监控　汇聚层

资源与服务
的安全访问　资源层
与连接层

各种资源
如计算资源、存储资
源、仪器设备、网络
资源、软件等　构造层

图 3－1　沙漏形状的五层结构

以是计算资源、存储系统、目录、网络资源以及传感器等。在复杂的情况下还允许存在构造层内部协议和构造层外部协议，以便于资源管理。而且构造层资源提供的功能越丰富，则构造层资源可以支持的高级共享操作就越多。例如如果构造层支持提前预约功能，则很容易在高层实现资源的协同调度服务，否则在高层实现这样的服务就会有较大的额外开销。

（二）连接层

连接层的基本功能就是实现相互的通信。它定义了核心的通信和认证协议，用于网格的网络事务处理。通信协议允许在构造层资源之间交换数据，要求包括传输、路由、命名等功能。在实际中这些协议大部分是从 TCP/IP 协议栈中抽取出来的。认证协议建立在通信服务之上，提供的功能包括：单一登录、代理、与局部安全方法的集成、基于用户的信任机制。

（三）资源层

资源层建立在连接层的通信与认证协议之上，其主要功能就是实现对单个资源的共享，全局状态和跨越分布资源集合的原子操作由汇聚层考虑。资源层定义的协议包括安全初始化、监视、控制单个资源的共享操作、审计以及付费等。这一层与连接协议形成沙漏模型的瓶颈部分，协议集合小，标准化程度高。这些协议要能够抓住涵盖不同资源类型的基本共享机制，但是又不能够对高层协议的类型和性能有所制约。

（四）汇聚层

汇聚层的主要功能是协调多种资源的共享。汇聚层协议与服务描述的是资源的共性，包括目录服务、协同分配和调度以及代理服务、监控和诊断服务、数据复制服务、网格支持下的编程系统、负载管理系统与协同分配工作框架、软件发现服务、协作服务等。它们说明了不同资源集合之间是如何相互作用的，但不涉及资源的具体特征。汇聚层在资源基础上，实现更高级的应用。一般而言，汇聚层又可分为通用的汇聚层和面向特定问题的汇聚层。

（五）应用层

应用层是在虚拟组织环境中存在的。应用层可以根据任意层次上定义的服务来构造，因为每一层都定义了协议以提供对相关服务的访问，这些服务包括资源管理、数据存取、资源发现等。在每一层，可以将 API 定义为与执行特定活动的服务交换协议信息的具体实现。应用层的应用可以调用资源层的服务，也可以调用汇聚层的服务，从而满足应用需求。拿电力系统做个比喻，前四个层次就相当于发电厂、电网、变电所和配电房，而应用层相当于住宅里的电闸、电表和电源插座。

为了便于理解，可以将该结构与广为使用的 TCP/IP 网络协议结构进行直观的对比，如图 3－2 所示。

下面是一个五层结构应用的例子，如表 3－1、表 3－2 所示。

如表 3－1、表 3－2 所示，对于高吞吐率系统和特定学科的数

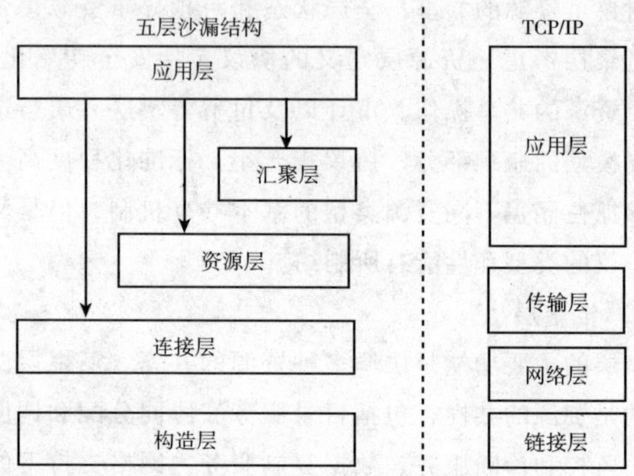

图 3-2　五层沙漏结构及其与 TCP/IP 网络协议的对比

表 3-1　五层结构高吞吐率系统应用实例

应用层	高吞吐率系统
汇聚层（面向问题）	动态检查点，作业管理，故障避免，分段管理
汇聚层（通用）	代理，证书授权
资源层	数据访问，计算机访问，网络性能数据访问
连接层	通信，服务发现（DNS），认证，授权，代理
构造层	存储系统，调度

表 3-2　五层结构特定学科的数据网格应用实例

应用层	特定学科的数据网格应用
汇聚层（面向问题）	移植性控制，选择复制，任务管理，虚拟数据目录，虚拟数据代码目录
汇聚层（通用）	目录复制，复制管理，协同分配，证书授权，元数据目录
资源层	数据访问，计算机访问，网络性能数据访问
连接层	通信，服务发现（DNS），认证，授权，代理
构造层	存储系统，机群，网络，网络缓存

据网格应用，它们在构造层使用的资源都是不同的，但是连接层和资源层却使用了完全相同的服务。这些服务包含了所有应用都需要的少数功能，这就形成了沙漏结构。两种应用都将汇聚层进行了细分，分为通用的汇聚层功能和面向特定问题的汇聚层功能。

二　OGSA

开放网格服务结构 OGSA 是 Global Grid Forum 4 的重要标准建议，是继五层沙漏结构之后最重要的一种网格体系结构，被称为下一代网格结构。可以从以下两点来说明该体系结构。

（一）以服务为中心的思想

OGSA 最基本的思想就是以“服务”为中心。如果说五层沙漏结构是以协议为中心的“协议结构”，那么 OGSA 就是以服务为中心的“服务结构”。五层沙漏结构试图实现的是对资源的共享，而 OGSA 实现的则是对服务的共享。在 OGSA 框架中，将一切抽象为服务，包括各种计算资源、存储资源、网络、程序、数据库等，简而言之，一切都是服务。这种观念，有利于通过统一的标准接口来管理和使用网格。

OGSA 定义了网格服务（Grid Service）的概念，网格服务是一种 Web Service，该服务提供了一组接口，这些接口的定义明确并且遵守特定的惯例，解决服务发现、动态服务创建、生命周期管理、通知等问题。在 OGSA 中，将一切都看做网格服务，因此网格就是一个可扩展的网格服务的集合，即网格 = {网格服务}。网格服务可以以不同的方式聚集起来满足虚拟组织的需要，虚拟组织自身也可以部分地根据它们操作和共享的服务来定义。简单地说，网格服务 = 接口/行为 + 服务数据。图 3 - 3 是对网格服务的简单描述。

OGSA 以服务为中心，具有如下好处：

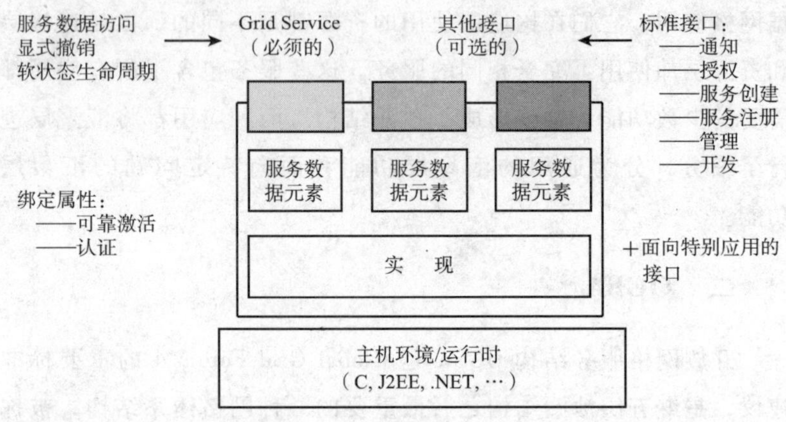

图 3-3 网格服务示意图

网格中一切都是服务，通过提供一组相对统一的核心接口，所有的网格服务都基于这些接口实现，可以很容易地构造出具有层次结构的、更高级别的服务。这些服务可以跨越不同的抽象层次以一种统一的方式来看待。

虚拟化使得将多个逻辑资源实例映射到相同的物理资源上成为可能。通过网格服务的虚拟化，可以将通用的服务语义和行为无缝地映射到本地平台的基础设施之上。在对服务进行组合时不必考虑具体的实现，可以以底层资源为基础，在虚拟组织中进行资源管理。

（二）统一的 Web Service 框架

OGSA 符合标准的 Web Services 框架。Web Services 解决了发现和激活永久服务的问题。但是在网格中有大量的临时服务，因此 OGSA 对 Web Service 进行了扩展，提出了网格服务（Grid Service）的概念，使得它可以支持临时服务实例，并且能够动态创建和删除。

下面是 OGSA 的服务接口。表 3-3 中列出了网格服务的接口，其中只有 GridService 接口是必须的，而其他的接口都是可选的。每个接口定义了一些操作，这些操作通过交换定义好的一系列消息来激活。网格服务接口和 WSDL 的 portTypes 相对应。网格服务提供 portTypes 的集合，包括一些与版本有关的附加信息，在网格服务中用 serviceType 来描述，serviceType 是 OGSA 定义的 WSDL 的扩展元素。

表 3-3　网格服务的接口

PortType	操　作	描　述
GridService	FindServiceData	查询网格服务实例的各种信息，包括基本的内部信息、大量关于每个接口的信息以及与特定服务有关的信息
	SetTerminationTime	设置并得到网格服务实例的终止时间
	Destroy	终止网格服务实例
NotificationSource	SubscribeToNotificationTopic	根据感兴趣的消息类型和内容说明，向相关事件的通知发送者进行登记
	UnSubscribeToNotificationTopic	取消登记
NotificationSink	DeliverNotification	异步发送消息
Registry	RegisterService	网格服务句柄的软状态注册
	UnRegisterService	取消注册的网格服务句柄
Factory	CreateService	创建新的网格服务实例
PrimaryKey	FindByPrimaryKey	返回根据特定键值创建的网格服务句柄
	DestroyByPrimaryKey	撤销特定键值创建的网格服务实例
HandleMap	FindByHandle	返回与网格服务句柄相联系的网格服务实例

由于 OGSA 采用统一的 Web Services 框架，因此就很自然地具备了原来 Web Services 的所有有利因素，比如服务描述和发现；可以从服务描述中自动产生客户与服务端的代码；将服务描述和互操作的网络协议绑定在一起；与新出现的高级开放标准、服务

和工具兼容；有广泛的工商业支持等。

第二节 物流网络与网格技术的融合

网格技术的发展对现代物流各方面的影响将是全方位的。应该说，网格为物流网络的高效实施提供了基础，而现代物流网络要适应这种网络新环境，首先应从改善物流信息网络开始。令人高兴的是，分布共享的思想已经被多数的网络化物流信息系统、信息平台所广泛采用，面向服务设计的 OGSA 标准已经被大量的企业所接受，这其中也包括一些需要处理大量物流信息的企业。本书适时地提出了物流网络与网格技术融合形式——适应网格环境的物流信息网络。随着网络环境的发展，物流信息网络高效、持续发展不仅要依靠强大的网格底层技术支持，同时在设计理念和过程实现方面还需要积极借鉴网格的成功经验，才能真正融入新的网络环境。

将物流网络建设与网格技术进行有机融合，首先应探索其融合形式，其次需要从设计理念和技术实现方面证明融合形式的合理性和可行性。

一 适应网格环境的物流信息网络

网格为物流信息网络提供强大的硬件环境，为高性能的功能实现提供技术支持，如网格支持的海量的存储介质、高性能的计算环境等使物流信息各种层次的存储、计算和搜索需求成为轻而易举的事情。网格也将为物流信息网络的运转进行负载均衡、分布式处理和协同调度。反过来，物流信息网络的完善在一定程度上丰富了网格资源，物流信息网络将成为统一的网格“资源池”的重要部分，同样可以提供具有行业特色的网格计算、网格存贮、网格处理等能力。也就是说，物流信息网络也可以成为一个子网格。同时，基于网格环境的物流信息网络作为网格在物流领域的一项应用，丰富了网格的应用模式，为网格应用的发展开拓了空间。本书提出适应网格环境的物流信息网络是希望实现网格与物流信息网络的双向互利。

传统的物流信息网络与适应网格环境的物流信息网络具有较大区别，在网络规模、运营和使用方式、赢利模式等方面存在差异。它们之间的关系可以类比一下一个企业内部供电系统和国家电力系统之间的关系。国家电力系统由于其规模效应，成本因素的重要性已经逐步下降，而提高各供电子网之间的协同效率、用户使用的便利程度以及网络的安全稳健性等因素的重要性日益突出。相反，企业内部供电系统就不得不面对运营成本、供电总量、用户数量等限制。由于资金和技术投入有限，企业内部供电系统的安全性也得不到较好的保障。国家电力系统在使用方式、输出功率等方面可以通过局部转换机构的调整而变得灵活，而企业内部供电系统则大多只能提供单一功率和少数形式的服务。梅特卡夫法则（Metcalfe's law）认为，如果一个网络中有 n 个人，那么网络对每个人的价值与网络中其他人的数量成正比，那么网络对所有人的总价值与 $n\times(n-1)$ 成正比。网格环境下的物流信息网络中这样的网络效应法则如果也同样起作用的话，则对于同样一套系统，使用者越多就越易形成规模和集群效应，它的效益也就越高。当然，没有先进技术的整合，互联网的无政府状态将使得这种网络规则无从谈起！正是由于有了网格这一新型的网络形式，大规模地整合网络资源才成为可能，也只有基于网格技术的物流信息网络才能导致物流网络的规模和集群效应的真正显现。这些都是传统的、局域的物流信息网络所不能比拟的。

为分析建立适应网格环境的物流信息网络的合理性和可行性，本书将首先深入研究网格与物流网络的内在联系，然后对适应网格环境的物流信息网络与物流网格进行比较分析。

二 网格与物流网络的关系

物流网络与网格技术，一者是现实中存在的实际网络，一者是提供基础支持的网络应用技术。可以说，前者为后者发挥强大功能提供了广阔空间，后者是前者服务、功能升级的有效手段。如何实现二者的合理融合？企业界相继开始了大胆的尝试，不少学者也提出了一些独到的见解。如IBM公司与中国石油化工股份有限公司石油勘探开发研究院合作建立的企业应用网格系统[3]，这是一个石油行业的商务应用网格，也是网格计算与传统的储运企业结合的开始；国内最近有学者提出了物流网格的构想[4]，以及建立网格计算支持的城市交通、物流和生态系统[5]等。对于网格技术与物流网络的紧密联系，可以通过以下几方面的对比研究进一步论证。

（一）网格与物流网络在各自特点上具有较多相同之处

可以归纳为以下六方面：

1. 分布性与共享性

网格资源与物流服务（物流设施、物流信息、物流组织等）都具有分布性和可共享性。物流网络同样也需要解决如网格资源、任务分配和调度、安全传输与通信、实时性保障、人与系统以及人与人之间的交互等问题。特别是物流信息资源的分布性与网格的计算、信息资源的分布性以及相应处理都具有很大的类似之处。

2. 自相似性

网格的局部和整体之间存在一定相似性，局部往往在许多地方具有全局的某些特征，而全局的特征在局部也有一定的体现[6]。物流网格的微观结构也具有几何分形一般的自相似性，小到企业部门的企业物流，大到全球的物流系统，物理结构和业务逻辑相差不大。因此，从物理结构到逻辑结构物流网络和网格环境都是非常一致的。

3. 动态性与多样性

网格绝不是一成不变的，原有的资源或功能，在下一时刻可能就会出现故障或者不可用；而原来没有的资源，可能随着时间的推移会不断地加入进来。物流网络则因为物流服务需求和供给的动态性和多样性而不断变化。由此将带来物流网络与网格需要共同解决的动态资源管理和多管理域管理等问题。

4. 自治性与管理多重性

网格允许资源所有者对它的资源有自主管理能力，即网络的自治性。同时，又要求网络资源必须接受网格的统一管理。物流网络同样具有这样的性质。建立多重管理机制是物流网络着重考虑的问题，以确保物流网络在自组织的基础上实现系统的稳定和有序发展。这样，在组织和控制方面网格和物流网络又走到了一起。

5. 松散耦合性

网格将资源和服务进行虚拟，虚拟的资源和服务之间是可以通过标准接口相互调用的。这样，资源和服务既可以独立运行也可以灵活地嫁接，而不影响原系统的独立使用。同样，物流网络中各节点提供的服务同样可以共享，服务间实现松散的联合，不仅将使整个网络可用资源更加丰富而且可以按需组合，按需服务。虽然服务间依存度不大但却加大了整个系统的风险，这就需要通过严密的监控手段进行有效的防范。

6. 开放性

OGSA 本身就是一个开放的框架结构，不仅具有标准统一、结构自由、接口开放的特点，还支持网格服务的发现，能够动态地创建和删除服务，使服务的提供更加广泛多样。物流网络也是一个开放系统，不同的物流子网可以按一定的规则加入到社会物流网络之中，在遵循统一管理、调配的前提下分享物流网络带来的利益。尤其是 Web Services 技术的引入，使得网格与物流网络在实现系统开放性方面可以同时受益。

（二）网格与物流网络具有共同的核心思想

面向服务，资源共享。无论网格 WSDL（Web Services Description Language）语言描述的资源还是物流实践中推行的标准化和数字化，都表明了二者为实现资源共享的共同努力。网格的统一用户界面、门户管理、用户定制以及服务虚拟机制，物流网络提出的“一站式服务”和对用户透明的思想，从面向服务的系统管理观点来看，双方有异曲同工之妙。这些思想在实践中的应用，极大地促进了二者的借鉴和融合。

（三）在技术手段上网格与物流网络也存在众多共同之处

网格技术是要实现异构系统之间的无缝连接，使资源实时调度和实现系统之间的互操作。而物流网络在资源与服务管理、网络服务的检测和监控、虚拟组织安全等方面需要合适的技术手段来实现，在这些方面网格可以提供比较成熟的工具。虽然直接使用网格计算的物流应用还没有真正面世，但是两个领域中现有方法的互相借鉴可以解决共同面临的复杂问题，将具有很好的发展前途。

三　适应网格的物流信息网络与物流网格的联系与区别

网格与物流网络存在着众多相通的地方，而且许多方面都可以互相借鉴。然而由于物流网络自身构成上的特点，网格与物流网络既有联系又有区别。那么，网格与物流网络应该遵循怎样的规律进行结合呢？未来网格环境下的物流网络将以怎样的方式发展呢？

按照考虑问题出发点的不同，一般认为可以沿着两条互相联系的思路进行研究：构建物流网格和调整物流信息网络以适应网格环境。前者所说的物流网格是“依托现代网格技术，实现物流企业之间以及与社会资源的共享和集成，支持企业群体协同运作和管理的集成支撑环境”[4]。这一概念是站在全球网格的基点上，将网格自然地延伸至物流领域。物流网格的核心思想是将网格设施按照物流服务的特定功能独立出来，有效组织各类异构的相关资源，使用户便捷地获取所需服务。它是一种行业应用网格，实质上是一种网格应用。后者是物流网络运作适应网格发展的过程，重点在于通过信息引导物流网络的合理调整。因此这一概念是立足于物流网络，引入网格技术以帮助解决物流网络的资源整合问题。所以说二者各有偏重。

网格与物流网络具有相同的特性，如资源的分布性与共享性，拓扑结构的自相似性，存在形式的动态性和多样性，网络管理的自治性与统一性，各子系统间的松散耦合性以及对外界环境的开放性等。而物流网格与适应网格的物流信息网络则是这些共同之处的不同表现形式，二者联系紧密。物流网格与适应网格环境的物流信息网络都将物流网络的可用资源抽象或虚拟为服务，以服务引导功能实现，将整个网络设想为一个服务的大集合。基本服务是设计中的最小单元，而服务间以灵活的接口实现松散耦合，发挥网络服务的整体效应。进而，在面向服务的思想指导下，二者具有共同的归宿——开放、共享物流网络资源，提高网络运行效率，实现按需服务。

无论是物流网络内部资源的重新整合，还是与外部环境或其他系统相适应，物流网格和适应网格环境的物流信息网络建设都是一个多方共赢的过程。从系统论的观点看，系统具有不断与外界环境交换物质、能量、信息的性质和功能，即系统的开放性原理。一个系统的不断发展必须通过从外部吸取信息、调整内部结构以适应变化。物流网格和适应网格的物流信息网络都能从各自的立足点出发，实现多方受益。适应网格环境的物流信息网络是以物流网络为主体、以网格技术为辅助、调整和重组原有网络实现物流信息网络的内部深化和外部拓展。物流网格则是为达到整合企业、社会物流信息资源这一目标，以先进的网格平台服务于物流企业。二者不仅使物流产业因效率的提高而从中受益，还能极大地增加网格资源，对于丰富网格应用领域与资源管理方法等不无裨益。

然而，物流网格与适应网格的物流信息网络之间的区别也是比较明显的。

首先，二者的归属与性质存在差异。通过对网格理论的深入研究发现，网格应用是建立在复杂的构造层、连接层、资源层和汇聚层基础之上的，它用以直接解决各类问题。如同气象网格、医学网格等一样，物流网格是行业应用网格。相应的，建立适应网格环境的物流信息网络则是一个物流产业的内部模式与外部网络环境的和谐生长过程。所以物流信息网络与网格环境之间的关系首先应是相互自主的，然后才是彼此融合的。总体而言，物流网格仍然是网格技术的应用研究，而适应网格环境的物流信息网络则归属于物流网络的研究。性质与归属的差异必将带来制度设计、利益分配和工作重点等诸多方面的不同。

其次，物流网格与适应网格的物流信息网络的建设过程并不一致。物流网格的建设主要是遵循网格设施建设框架（如 OGSA）进行各层级的搭建，并开展对物流信息体系从底层的数据格式、通讯协议到聚合层和应用层的服务虚拟、应用抽象等各个细节建设的标准化过程（符合 OGSI 或者 WSRF 等）。由于物流与网格都是新兴事物，可以直接为物流网格继承的东西较少，所以物流网格的建设将是一个几乎全新的过程，建设的难度较大。反之，适应网格环境的物流信息网络建设相对较为容易，其工作的核心是开发连接整体网格的中间件（Middleware）和物流信息服务接口，实现网格资源的输入和网格服务的输出。对于已经建立起来的物流信息系统、物流信息平台可以为整体网格所用，还可以重新布局网格设施。建设适应网格环境的物流信息网络的步骤是在广泛存在的物流网络信息资源的基础上建立一个高性能的主干网格，成为一条联系各网络实体的纽带和提供各种网格服务的“巨型仓库”、实现资源共享与作业调度的“控制中心”。然后，按网格发展的要求，使以此主干网格为依托的物流信息网络合理地调整业务逻辑。

另外，二者的发展前景也稍有不同。物流网格资源包括的计算资源、信息资源、存储资源、人力资源和设备资源等都将受到物流行业的局限，资源的行业限制将使内部效率降低。比如，某项物流服务需求是随机产生的，服务于该需求的Grid Service依赖于某特定资源且难于为社会闲置的资源所代替，由此产生的资源占用的不确定性必将导致整个系统资源使用的不充分等情况。另外，由于物流行业规范的限制，将会使得物流网格只能提供给其他行业网格有限程度的信息、人力、设备等资源的共享。因此，物流网格势必将在行业网格和一般应用网格两个方向上寻找平衡。而适应网格环境的物流信息网络的发展则相对简单，其发展的轨迹是一个动态融合过程。虽然网格技术不断更新变化，而适应网格环境的物流信息网络却只需要关注自身的调整，包括业务流程重组、网络结构改造、信息资源管理方法革新等。这些调整往往是有必要的，与时俱进的。凭借网格强大的计算和协调能力，完全可以实现物流信息网络与外部网络环境的动态融合。一般来说，网格升级对物流信息网络是透明的，人们需要做的工作仅仅是修改各种接口协议而已。不过，在物流信息网络发展的过程中保持适当比例的专业应用模块对于提高其服务效率将是一个必要的补充。相比物流网格，适应网格环境的物流信息网络由于其依托的是一般性的网格环境，使得它容易成为网格的一部分，而建设过程相对简单，建设费用相对低廉，对于目前进行的物流信息化、网络化进程来说是更加可行的一个选择。

第三节 物流信息网络结构框架

怎样实施适应网格环境的物流信息网络建设呢？这是企业界和理论界都非常关心的问题。本节将对适应网格环境的物流信息网络的基本架构进行初步的探究。对应于网格概念的发展过程，下面提出分别针对经典的五层沙漏结构和广泛部署的 OGSA/OGSI[7] 框架而设计的物流信息网络基本构架。

一 立体层次结构的物流信息网络框架

为满足灵活多变的市场需求，笔者基于网格强大的功能设计了下面的立体层次结构，以求从物流信息网络的角度实现物流网络资源的最优共享和协同工作。

图 3－4 提出的三层立体网状结构框架包括应用层、聚合层、物流信息基础设施层。聚合层涉及传统五层沙漏结构的连接层、资源层和汇聚层；物流信息基础设施层对应于构造层。这样设计的目的是让物流信息网络的实现更加方便，更多的资源协调和调度的任务留给网格环境，应用层具有更多的独立性。在这样一个“腰鼓”形的多层立体结构里，应用层和物流信息基础设施层完全开放，可以根据需求的差异或行业的规模选择不同的输入和输出，而中间聚合层则需要完成服务虚拟化、应用服务的实现与优化，并起到沟通上下层的作用。同一般的网格结构一样，聚合层的“瘦小”是由于物流信息网络对最基础、最核心的服务进行了封装，使得框架结构更加灵活，也便于以后整个网络结构的移植和升级改造。其中包含了五层沙漏结构的汇聚层则是为了将一些基础物流信息网格服务固化以提高应用系统的效率。

三层立体网状结构的每层都是复杂的网状空间分布，各层之

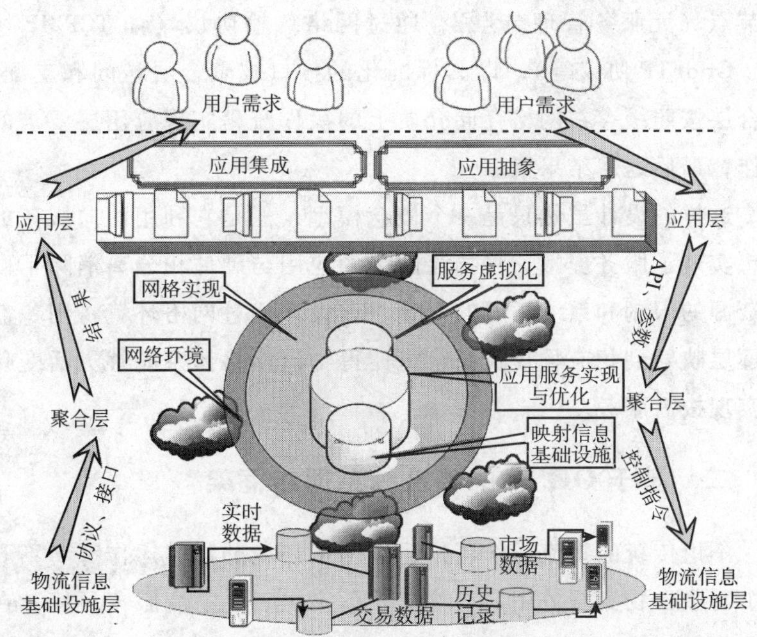

图 3－4　物流网络立体层次结构框架

间的功能互相区分但又紧密相连。在三层结构之外还定义一个最终用户层，这层负责向物流网络提出用户服务需求。具体而言，三层结构是一个自循环的“拉系统”：用户需求通过应用层通知物流信息网络提供满意的物流服务，物流信息网络通过信息调动物流资源实现所需的服务；应用层调用聚合层提供的 API（应用程序接口），并根据应用实例传递参数给聚合层，并在服务虚拟的基础上设计满意的实施方案；聚合层将被调用的虚拟服务解决方案向物流信息基础层映射，传递控制指令实现信息资源的调配；最后物流信息基础设施层与物流服务提供方通讯、协商以确认提供现实的服务。这样就完成了用户需求向信息设施底层的传达。下一步就是用户服务需求的实现：在网格协调控制的基础上，满足要求的物流服务（或资源）将信息反馈给相应的物流信息节点（元服务管理节点），通过网络传输协议（如 TCP/IP 协议、GridFTP 协议等），以其标准化的接口被聚合层访问和支配；聚合层按照缓存在网格存储介质上的操作流程实现应用层要求的操作，最后返回结果集。

这样的设计虽然只是一个概念模型，但是它利用面向服务的思想实现了服务虚拟，将物流网络的应用与硬件相分离消除了硬件资源的限制和系统扩展的问题。该设计通过网格环境将用户需求逐层映射到相应物理资源，将使得物流网络体系能够灵活变化以实现按需服务。

二　基于 OGSA 的物流信息网络框架

不论传统的物流运作还是适应网格环境的物流运作都离不开三个对象：物流服务用户、物流服务提供者、物流服务环境。在物流信息网络中，涉及的就是物流信息服务用户、物流信息服务提供者、物流信息服务环境。

同样是要求物流信息服务的用户，传统物流运作模式下的用户需求与网格物流运作模式下的用户需求并不一样。信息时代用户需求的个性化、多样化趋势是一个普遍的发展规律。网际互联能力的提高使人们对物流服务在效果、效率上的要求也随之提高，因而加大了物流信息服务在及时性、动态性、互操作性和共享程度上的要求。

另一个对象是物流信息服务的提供者。在网格环境下，由于信息的共享程度提高，网格对所有物流信息服务提供商平等地开放。在这种形势下他们不但要像现在这样注重和供应链上的其他企业加强联合，而且还需要按照用户的需求适时地改变原来相对固定的联盟。在网格环境下服务商参加的更多的是一类合作博弈（Cooperative Game）中的完全信息动态博弈（Dynamic Games of Complete Information）。因此每个物流信息服务的提供者要在协同合作的前提下靠服务品质、靠集体的力量来赢得竞争，而不像传统的物流运作中那样的无序竞争。由于网格的出现，决定了这将是一场真正“共赢”的竞争。

物流信息服务环境是三者中最为复杂的，目前面临的困难很多，需要提高的地方也很多。例如，现在企业中应用最多的物流信息系统存在着诸如系统间相互独立、功能单一、系统扩展升级困难、难于与其他系统兼容互联等问题。除了信息共享瓶颈外，还存在实施采集数据的存储瓶颈，计算能力（在解决最优路线选择、分析预测问题时经常遇到）瓶颈。随着网格技术等新型网络技术的研究和投入使用，物流信息网络的运作将真正实现各类资源的充分共享，这些瓶颈问题有望迎刃而解。网络环境的改善有望形成与物流信息服务环境的良性互动。网格要求物流信息网络设计和建设应体现资源使用的可靠性、标准化、易访问性和价格低廉。这也是需求用户以及物流信息网络本身对服务环境的要求。同时，在这种高品质的环境下物流信息网络也是整个网格的一部分，它的高效运作正是在革新和改善这个环境。特别的，对于方兴未艾的电子商务，物流信息网络的完善将为整个商流、物流体系提供理想的运作环境。

图3－5是本书基于网格构架事实上的标准——OGSA提出的物流信息网络结构示意图。

在图3－5中分为物流服务需求端、网格物流服务处理中心、物流信息服务平台和物流服务供应网络四大部分。物流服务是指抽象化的物流运作过程，它通过物流信息来控制、指挥和调度。物流服务需求端通过浏览器（如Internet Explorer）登录网格，并与网格物流服务处理中心（图中的虚线框包围部分）进行交互。网格物流服务处理中心是网格的一部分，它负责为用户在整个网格中寻找合适的服务并匹配相应的资源。物流服务供应网络即物流信息网络的一种底层表现形式，作为提供物流服务的提供方可

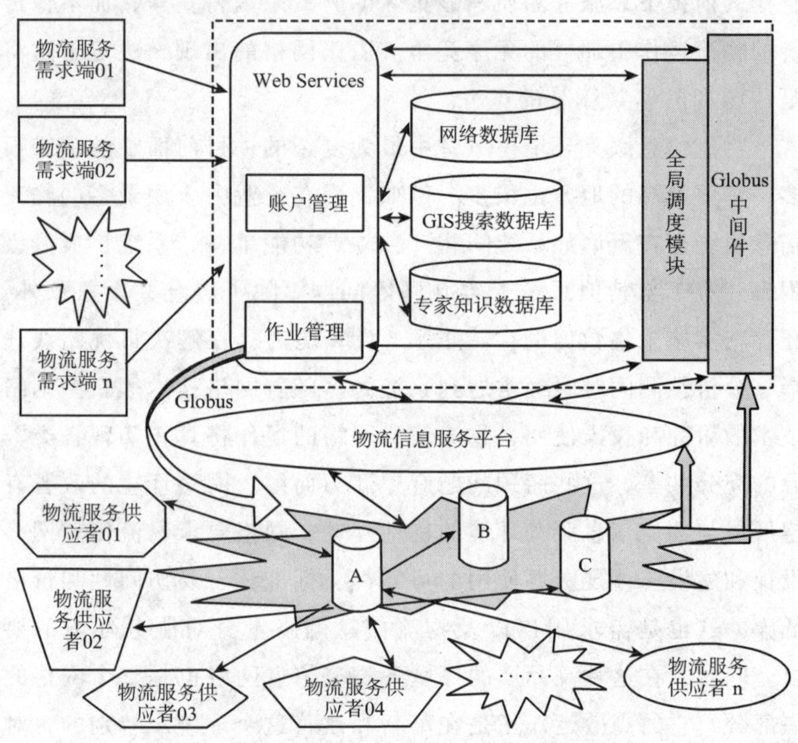

图 3-5 基于 OGSA 的物流信息网络结构框架

物流信息服务平台：LISP（Logistics Information Service Platform）。

以看成是一个高度自组织的系统，网格将其视为各种物流服务的逻辑空间任凭信息网络的调度。网格一般是通过物流信息服务平台来间接实现对物流服务供应网络的管理。各物流服务须动态地向物流信息服务平台注册服务信息，而网格物流服务处理中心通过向物流信息服务平台查询，可获得当前网格环境中的各种实时物流服务。网格物流服务中心的作业管理部分也可直接及时地对物流服务供应网络进行物流资源调度和管理（借助 Globus[8] 网格中间件）。而 LISP、网格物流服务处理中心以及物流服务供应网络之间的交互也是通过网格中间件来实现的。物流服务供应网络内部则采取不同的资源组织模式来提高各节点资源整合能力和适应网格环境的能力。

三 基于 OGSA 的物流信息网络框架的实现

（一）基于 OGSA 的物流信息网络各大部件

1. 网格物流服务处理中心

这一部分是物流信息网络得以高效运转的核心。它好比计算机操作系统中的中央处理器（Central Processing Unit，CPU），由 Web 服务、网格数据库、GIS 查询库、专家知识库、全局调度模块、Globus 中间件等主要部分构成。其实质是网格的一部分，是网格面向物流服务需求用户的一扇窗口。对于物流信息服务而言，它是物流需求和物流供应之间的转换环节，也是整个系统运转的前提和基础。网格物流服务处理中心提供一个技术平台，这个平台支持系统化的身份鉴别和授权、资源发现、数据传输、进程创建和调度、跨异构平台的动态绑定等。在网格提供的这些功能的基础上，处理中心可以为物流信息网络的输入和输出提供标准的接口，构造一个安全可靠的高性能网格物流服务系统。

2. 物流信息服务平台（LISP）

如果说网格物流服务处理中心的 Web Services 将网格与物流服务需求端绑定在一起，那么物流信息服务平台则主要是实现网格与物流服务供应者的连接，它同样也需要借助 Web Services 技术。首先，物流信息服务平台为网格物流服务处理中心传递实时的物流服务资源信息以及物流服务状态信息等，同时接收网格中间件输出的调度指令。其次，物流信息服务平台本身是物流网络的信息集成，该平台可以通过信息实现对物流组织网络、物流基础设施网络以至于整个物流网络的实时管理功能。因此，物流信息服务平台是物流服务供应网络连接网格的桥梁。物流信息服务平台又包含了如下的三个层次：

第一层次，物流信息主干网络。它由分布在重要的物理或逻辑位置上的大型集群（Cluster）系统提供信息服务，并借助网格为其提供强大的运算和协调管理能力。它是与网格联系最紧密的一层，其他低层次的节点最终要通过它与网格物流服务处理中心联系。

第二层次，枝节点信息管理器。它是物流组织网络管理各虚拟组织的信息管理系统。枝节点信息管理器将物流信息网络分割成一定的逻辑域。它可以是离散分布在各下层信息系统的分布式管理平台，也可以是独立的一台信息管理器。这一层次分担了物流信息主干网络的负载，避免了信息流通瓶颈，对动态组合的下层节点进行了统一的调度和管理。

第三层次，物流信息叶子节点。这样的叶子节点包括企业物流、第三方物流企业、物流联盟的物流信息系统和各种信息服务供应商的相关信息系统。各叶子节点动态地选择加入按枝节点信息管理器划分的逻辑域，接受域的管理，并按协议为所在的域提供服务或者联合其他域的节点为系统提供服务，也可以随时离开域。但是这个层次的节点如果要直接接入网格只能作为一般的物流服务需求端接入。

这三个层次的节点数量按几何级数依次增大，与网格联系的紧密度也依次降低。所以本书研究的物流信息服务平台主要针对的是以上的第一和第二层次，而将局域的信息管理系统——物流信息叶子节点，看成是物流信息服务供应网络的一部分。

3. 物流服务供应网络

物流服务供应网络是网格环境下物流信息网络的最底层，它由不同的物流服务信息资源构成，通过物流信息叶子节点为物流服务提供者提供统一的注册和账户管理界面，接受物流信息服务平台的管理和网格物流服务处理中心的调度。

本书主要阐述以下几方面的问题：

（1）物流服务供应方的分类。包括：

①独立的物流服务供应方。提供单一环节的物流服务的供应方，如运输、仓储、包装等服务的提供者。在物流信息网络中，分别针对不同服务环节建立一个枝节点信息管理器，由其负责相应供应方的信息存储和管理。

②一般的物流服务供应方。独立提供一个以上的物流服务的供应方，如储运企业、快递配送服务企业等。在物流信息网络中，允许其游离于不同的管理域之间，可以与不同类型的节点信息服务器建立联系。

③联合的物流服务供应方。提供链状或网状供应链服务的供应方，如3PL，物流企业联盟，或者虚拟物流企业等。在物流信息网络中，为这类供应方建立一个或多个特殊的枝节点信息管理器，由其负责联合的物流服务供应方信息的存储和管理。

（2）物流服务供应网络的资源组织模式。物流服务供应网络资源组织模式与物流信息网络的整体组织模式联系紧密，因此需要结合物流信息服务平台的管理对物流服务供应网络进行描述。

如图3－6所示，若是独立的物流服务供应方提供的服务，它首先在枝节点服务管理器上注册（如图中虚线箭头所示），并存储服务信息。如果该提供商想扩大服务范围也可以在联合物流服务供应方服务管理器（如图的中央位置）建立“关联”，这种“关联”不必拷贝信息，只需要对信息传输渠道进行适当授权。

而对于一般的物流服务供应方，如果该服务方愿意在某种协议下和其他环节的物流服务供应商合作形成物流服务虚拟联盟（建立一个连接链），需要将该物流服务供应方的相关信息存储在所在连接链上的任意一个枝节点管理器上，且需在主干网络管理器上备案连接链信息，由联合物流服务供应方服务管理器直接管理。该物流服务提供方如果不希望形成联盟则还有第二个选择，可以直接在联合服务分类表留下服务信息，以供系统查询和自由

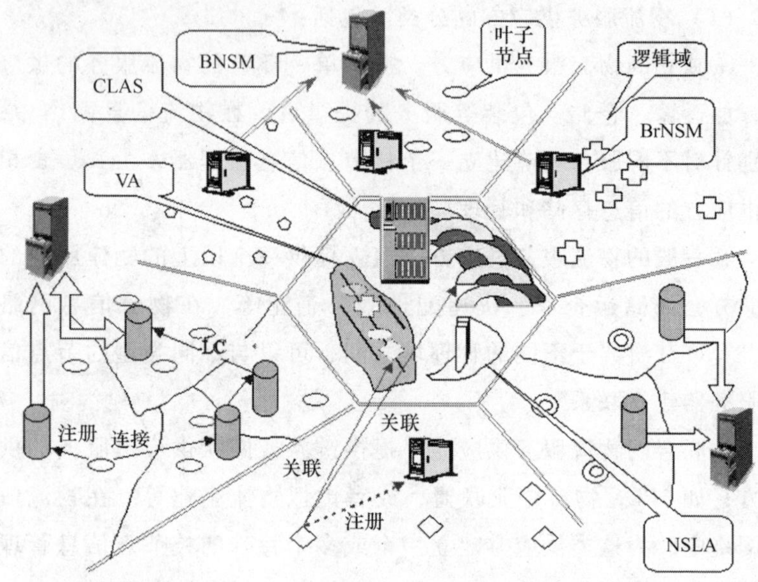

图3－6　物流服务供应网络资源组织模式

LC（Linking Chain）：连接链

VA（Virtual Alliance）：虚拟联盟

CLAS（Classification List of Associated Services）：联合服务分类表

BNSM（Backbone Nodes Services Manager）：主干节点服务管理器

BrNSM（Branch Nodes Services Manager）：枝节点服务管理器

NSLA（the Node Set of Logistics Alliance）：物流联盟节点集

匹配。

联合物流服务供应方所在的逻辑域（如图的中央位置）除了负责虚拟联盟的管理外，还负责对物流联盟节点集——一些能联合物流服务供应方的集合，以及一个联合服务分类表的管理。

虽然联合物流服务供应方所在的逻辑域和其他逻辑域的结构不同，但它们的地位一样，同样是一个枝节点服务管理器管理，每个逻辑域的管理器同样要将关联信息和连接信息（并非数据和信息）汇总到物流服务主干网络管理器上。这样有利于资源的查询和搜索，更有利于分布式存储。因为主干网络管理器只负责更新和维护这些链接表，其存储量不大，而运算量大，但是它可以顺畅地使用网格计算资源快速运算。

叶子节点上的服务供应方还可以通过在同类的逻辑域里建立连接链来提高它的“曝光率”。这样只需先将服务信息存储在某个逻辑域的管理器上，如图 3－6 所示，建立一个在逻辑相邻域上的连接链。而在其连接链上不同的“同类服务器”上都记录有它的物理地址信息。也就是说只要该链上有一个服务被检索到，根据连接链上“同类服务器”记录的信息，其他相连服务也能被检索。这就像一个行业联盟，有一家企业能够被需求方考虑到，那么其他企业也能被联盟推荐给需求方。这个连接链需要通过物流服务主干网络管理器维护。

对前面曾提到的联合服务分类表，它是由许多只提供单个或几个物流服务环节的节点信息映射构成的一个表。参考中国工程院李幼平院士题为《无尺度现象引发的思考》报告中关于文化网格的结构描述方法，借用到联合服务分类表描述上并进行改进，本书得到如图 3－7 所示的联合服务分类表的工作原理。

由前面的论述可知，联合服务分类表由独立的物流服务供应方节点和一般的物流服务供应方节点的集合构成。图 3－7 每条横线代表按物流环节分类的物流信息服务，每纵列的圆点代表某企业所能提供的物流服务信息。如图所示，第一列表示的是一个独立的物流服务供应方，其他四个企业都是一般的物流服务供应方。以既定的组合原则确定目标函数，应用 0～1 整数规划的方法不难找到满足要求的最优虚拟供应链。甚至有些物流信息服务资源如同网格计算资源一样可以无限地复制（Copy），那么一旦条件允许该圆点处的资源就能够为无穷多个虚拟供应链所共用。

（二）基于 OGSA 的物流信息网络接口实现

建立适应网格环境的物流网络的基本构架只是网格与物流网络相互融合的第一步，在基本构架的基础上物流信息网络还有许

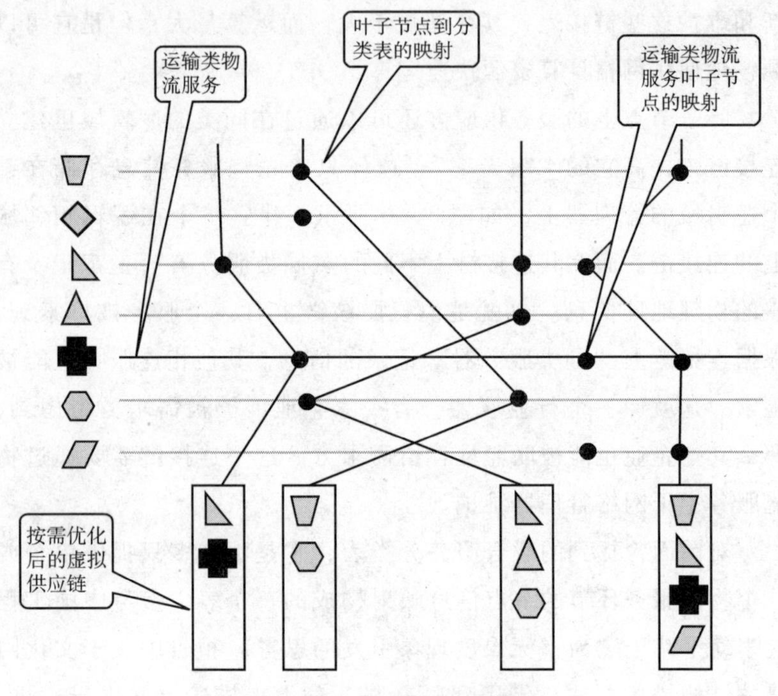

图 3-7 联合服务分类表

多环节需要进行调整，尤其在与不同网络环境相适应的过程中物流信息网络在网络建设、服务实施和资源管理等方面还需要进一步解决一些实际问题。例如物流信息网络量化的效率分析、服务生命周期的变化、面向服务的接口实现与资源调用、物流信息网络资源管理等相关问题。

OGSA 采用统一的 Web Service 框架，接口实现就显得非常重要了。虽然开放网格服务基础结构（OGSI）提供了标准接口的定义和相应的公共服务交互语义实现可重用的网格服务，但是物流网络有其自身的特点，一些问题需要重新审视。如物流环节服务资源定义语言、资源定义形式、信息资源调用、计算资源和存储资源跨组织管理以及资源的预留和监控等应与物流网络相结合，这将是更具体、更复杂的问题。这里仅以物流网络服务接口的定义为例来说明适应网格环境的物流信息网络需要解决的服务描述问题。下面采用 WSDL 文档结构实现的基于 XML 语言的简单库存服务接口定义。

```
<wsdl: definitions xmlns: tns = "..." targetNamespace = "..." >
<message name = "getStorageSituation" >
<part name = "description" type = "xs: string" />
</message >
<message name = "getWarehouseResponse" >
<part name = "value" type = "xs: string" />
</message >
< gwsdl: portType name = " StorageServiceAccessing" extends = "ogsi: GridService" >
<wsdl: operation name = "getStorage" >
<wsdl: input name = "mtoken"? message = " getStorageSituation" >
<wsdl: output name = "ntoken"? message = " getWarehouseResponse" >
<wsdl: /operation >
< sd: serviceData name = " location" type = "xsd: integer" >
< sd: serviceData name = " freeSpace" type = "xsd: integer" >
< sd: serviceData name = " storageType" type = "xsd: string" >
```

```
.....
<sd: serviceData name ="activePeriod" type =
"xsd: decimal">
<gwsdl: /portType>
</wsdl: definitions>
```

以上的代码片断已经将接口抽象并与具体的编码相分离。端口类型采用请求响应（Request-Response）的模式，使服务接口 Storage Service Accessing 满足用户（仓库）或者其他服务对于该库存服务的查询、调用及联合等功能。这里通过定义的 getStorageSituation 与 getWarehouseResponse 两个信息实现服务于用户的交互操作。后面的服务数据元素列表作为接口定义 portType 的一部分，扩展了该接口的属性，使得仓库的位置、剩余空间、存储类型以及已有库存商品的存储期限等信息得到补充说明。应该注意到完整的 Web Services 接口定义还应包括绑定定义、服务访问点定义、服务定义等，为了说明问题这里只介绍了接口描述功能。

第四节　物流信息网络结构框架的实例研究

一　中国电子口岸

（一）基本情况

中国电子口岸是经国务院批准，由海关总署牵头，会同其他 11 个部委共同开发建设的公众数据中心和数据交换平台。它依托国家电信公网，实现工商、税务、海关、外汇、外贸、质检、公安、铁路、银行等部门以及进出口企业、加工贸易企业、外贸中介服务企业、外贸货主单位的联网，将国家各行政管理机关分别管理的进出口业务信息流、资金流、货物流电子底账数据集中存放到公共数据中心，在统一、安全、高效的计算机物理平台上实现数据共享和数据交换。各国家行政管理部门可进行跨部门、跨行业的联网数据核查，企业可以在网上办理各种进出口业务。

由于海关总署和外汇局研究开发的中国电子口岸第一个应用项目“进口付汇报关单联网核查系统”在 1999 年 1 月投入使用后，起到显著的社会效益和经济效益，之后，在国务院的直接领导和推动下，海关总署会同公安部、铁道部、交通部、信息产业部、外经贸部、中国人民银行、国家税务总局、国家民航总局、国家工商总局、国家质检总局、国家外汇局，按照“电子底账 + 联网核查”的管理模式于 2000 年底完成了中国电子口岸系统建设。

截至 2004 年底，中国电子口岸已有 31 个项目在线运行，初步实现与海关总署、国家外汇局、国家税务总局、国家质检总局、国家工商总局、商务部、公安部、铁道部、贸促会、香港工贸署、澳门经济局等部委和单位，以及与中国银行、中国工商银行、中国农业银行、交通银行、招商银行等 13 家商业银行的互联互通和信息共享，入网企业近 19 万家，每日处理电子单证数量达 50 万笔，中国电子口岸门户网站日点击率超过 430 万次，系统运行状况良好。同时，地方电子口岸建设也取得了长足发展，并呈现良好的发展态势。

（二）系统架构

由图 3－8 可以看到，中国电子口岸是由内部服务端、互联网和企业客户端三部分构成的。工商、质检、银行、税务、铁道、交通等部门与中国电子口岸通过 VPN 专网联系，完成进出口贸易、收付汇、出口退税、联网报关、电子账册、保税监管等基本功能，而各企业的信息平台、信息系统则通过 Internet 与中国电子口岸门户相连。

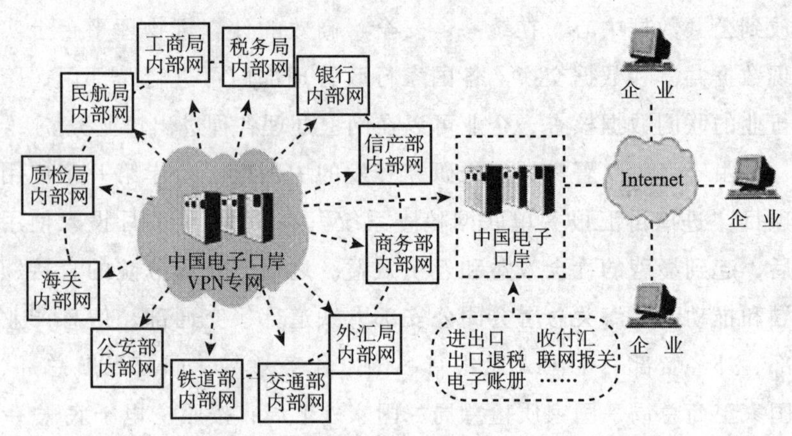

图 3－8　中国电子口岸系统架构

从图 3－9 所示的电子口岸子系统——某关区电子口岸的框架结构来看，它不仅支持一体化的物流信息服务，还能提供对电子商务、电子政务的支持。在这样一个以统一界面面向供需企业以及管理部门，物流信息、电子商务与电子政务并举的系统结构中，物流服务的用户不仅能找到相应的物流信息，还能得到一体化的通关、报关、收付汇等服务；企业也将乐于共享自己的业务信息，寻找物流战略合作伙伴。

总体来看，中国电子口岸是一个专注于进出口贸易的公共数据中心，提供物流、信息流、资金流的各项服务。其与物流信息网络具有许多相同之处，是一个鲜活的应用实例，其实践经验是建立物流信息网络需要借鉴的。

以上资料参考了天津大田集团有限公司电子商务部总经理熊兴发在北京交通大学经济管理学院所作题为《电子口岸大通关与综合物流信息平台》的演讲，在此特别声明并表示感谢。对于中

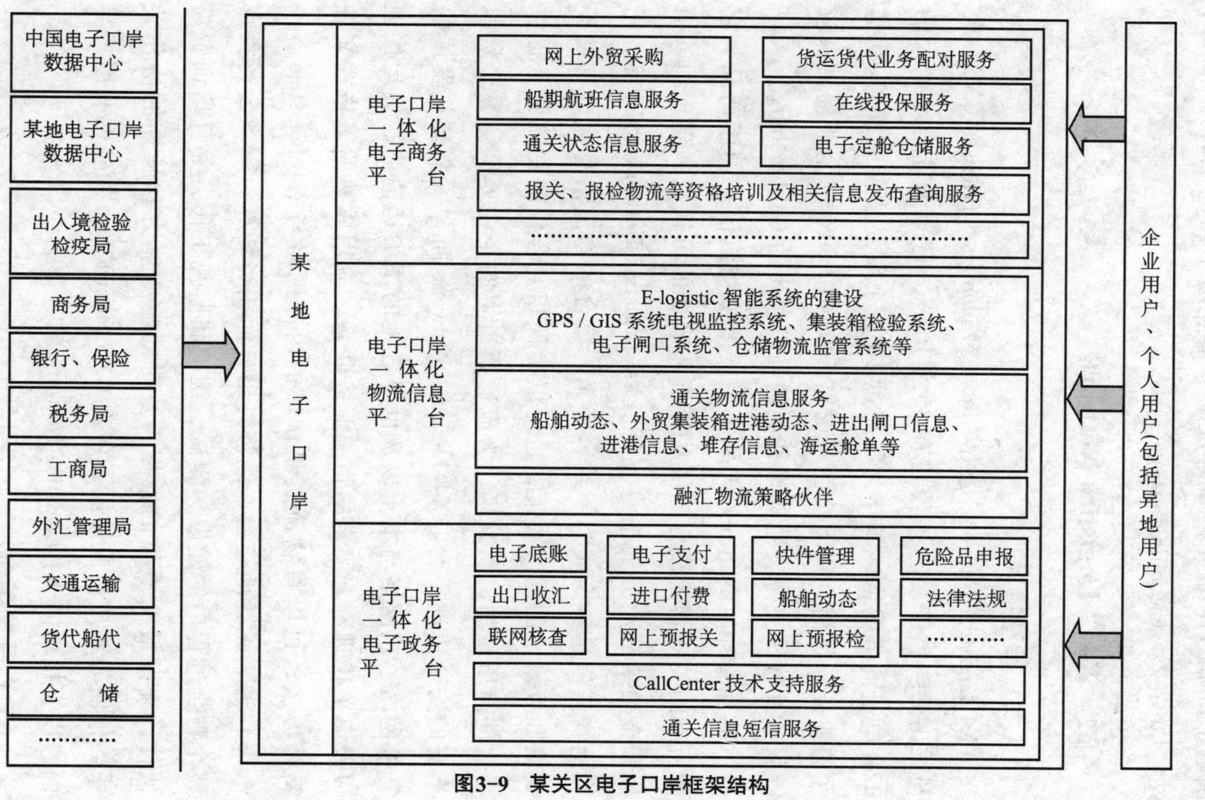

图3-9　某关区电子口岸框架结构

国电子口岸的详细资料和运行细节请登陆中国电子口岸门户网站：http：//www. chinaport. gov. cn/.

二 X4[TM] Logistics Network

（一）基本情况

X4 Logistics Network 是由 Global eXchange Services（GXS）公司推出的一款产品。该公司有 35 年历史，它操纵着全球最大的 B2B 电子商务网络，每年为其超过 10 万个贸易伙伴管理着 10 亿元的业务。目前，GXS 为全球财富 500 强中 50% 的企业提供供应链服务及软件支持。总部设在美国马里兰州的 Gaithersburg。

X4 Logistics Network 产品是一款虚拟物流信息网络产品，它为所有的关键物流流程提供从订货和船期的可视化，到预约、招标和金融结算业务的信息支持。X4 Logistics Network 将完备、正确的物流信息转换成为一致、可靠、综合的物流信息流，有助于战略和战术上的物流决策，也可以确保相互合作的物流服务提供者之间高质量的信息共享，为流通渠道上的企业提供了一个资源丰富的安全信息平台。X4 Logistics Network 拥有一个日益发展的开放网络，该网络与本土以及世界各地的顶尖运输商、货运代理以及海关代理有着固定的物流业务联系。应用成熟的多格式文件支持方法，可以将物流贸易伙伴的内部网络与 X4 Logistics Network 快速、无缝地连接，经济付出方面相当划算。GXS 公司负责整个整合过程中的建设、测试、维护和监视工作，并且培训贸易伙伴，确保最高质量的数据，及时的响应能力和长期的协作关系。他们为客户企业提供了名为 GXS SmartForms[TM] 的 Web 用户界面，以直接地向 X4 Logistics Network 输入数据。

（二）系统架构

图 3－10 是 X4 Logistics Network 的框架示意图。在该系统架构中，X4 Logistics Network 通过整合企业内、外各种渠道的不同信

息，如来自 ERP、SCM 和 CRM 系统的信息，国际贸易的市场信息等，提炼出“纯净的”物流信息提供给用户的各项业务的应用，以扩展企业和部门的能力与整体价值。该体系能够确保提供的物流信息是及时、正确和完全的，进而能够推动企业业务过程的实现。

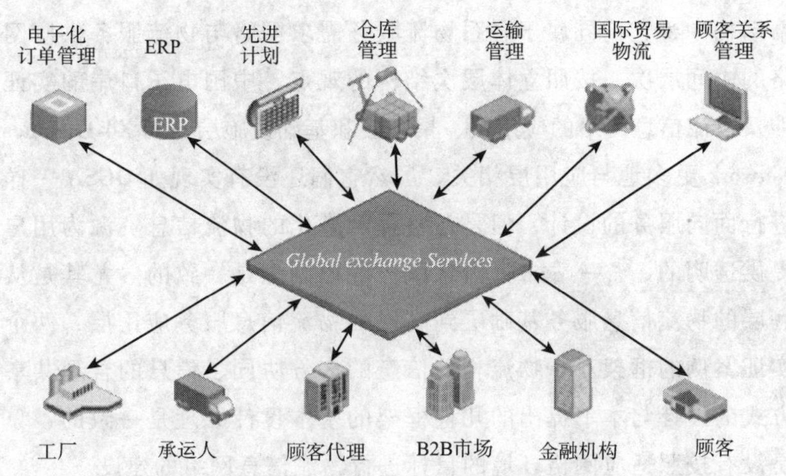

图 3－10　X4 Logistics Network 框架示意图

从整个结构可以看出，GXS 公司强大的技术实力和客户资源，将用户的物流事务通过信息网络集中在一起处理。这样企业用户不仅得到满意的服务，所拥有的资源也能发挥出最大的价值。从另一个角度来看，X4 Logistics Network 将社会资源层和企业应用层无缝地连接起来，充当了一个“多对多”的物流信息交换器。

以上内容参考了 www. gxs. com 的资料，特此申明。

三　实证分析与总结

中国电子口岸与 X4 Logistics Network 两个实证都是正在运行

的物流信息网络现实框架，它们与本书设计的适应网格环境的物流信息网络框架具有许多相似之处却仍然存在一定的差距。

（一）实证分析结论

首先，从形式上来看，中国电子口岸与 X4 Logistics Network 将物流过程中的数据、信息、业务流等通过网络媒介进行协调与整合，处于物流网络与网络环境的初步融合阶段。在物流信息网络结构中，它们同属于联系物流服务需求网络与物流服务供应网络的中间层次。按照立体层次结构的观点，中国电子口岸的实证涉及物流信息网络的应用层、聚合层和基础设施层，而 X4 Logistics Network 更多地与应用层相关。虽然它们还没有实现如 OGSA 一样进行面向服务的设计，但是在整合网络化的物流信息资源为用户提供透明的、"一站式"信息服务的原则上是一致的。尤其是从底层的物流信息服务基础层到高层的物流信息服务应用层，两个实证案例的框架对于物流相关信息的多方协同、信息的合理共享方式的设计与本书提出的几种框架的基本设计原理是一致的，只是没有按照适应网格环境的目标进行物流信息网络的建设。

其次，从应用实证的本质分析，两者的用途和设计的目标与适应网格环境的物流信息网络有着本质的差别。中国电子口岸是一个规模庞大的服务于进出口贸易的综合物流信息平台，X4 Logistics Network 则是一个借助第三方平台实现将企业间物流业务流程整合（B2Bi）的网络化工具。它们的用途都是提供一定范围内物流信息服务的应用。不论是为特殊行业服务的信息平台还是为企业资源优化的物流信息工具都不可能提供服务于整个物流网络的信息需求。由于本书的实证是基于目前物流与网络发展的现状进行的开发，因此不具备网格基础设施的硬件条件，也没有将网格思想融入系统的设计中来。

（二）实证分析的几点思考

第一，中国电子口岸的实证用信息平台将各管理单位、服务部门统一地联系在一起共同完成进出口物流业务，简化了操作流程，提高了物流效率，为国家消除“部门割据”推进“一站式”物流服务提供了参考；在 X4 Logistics Network 的实证中借助 GXS 公司提供的数据和信息服务，为企业整合社会物流资源提供了便利，它是中小物流企业寻求物流信息支持的较好选择。适应网格环境的物流信息网络在社会和政府层面应该借鉴中国电子口岸建设的成功经验，而在服务企业应用方面 X4 Logistics Network 的高效率也是值得效仿的。同时，适应网格环境的物流信息网络还应该在沟通社会、政府与企业、个人方面发挥信息桥梁的作用，并有效均衡各方的利益。

第二，适应新型网络环境、与更强大的网络系统结合是以上应用实证的共同发展之路。中国电子口岸的建设由于专业的服务范围注定了它不能成为全社会的物流信息网络，X4 Logistics Network 则因受到 GXS 公司运营的影响，服务能力和服务质量也不可能无限制地提高。一般而言，在简单的信息交互业务之后往往将出现大量的物流信息增值业务，这些业务对于物流信息网络的要求以及复杂程度将是现在的业务所不能比拟的。如果没有先进的网络技术和计算技术的有力支撑，这些物流信息服务将不能可能圆满完成。因此，将中国电子口岸和 X4 Logistics Network 以信息平台的形式接入适应网格环境的物流信息网络之中，不仅丰富了物流信息网络资源，还可以利用网格技术去发展和实现更多、更强的信息服务功能。

第五节　小结

本章研究了网格环境下物流信息网络的构建问题，提出了一个适应网格环境的物流信息网络体系。首先，本章介绍了一般的网格体系结构，特别强调了 OGSA 结构的重要性。紧接着分析了网格与物流网络的融合过程。通过归纳总结和比较研究，本书认为这一融合过程就是适应网格环境的物流信息网络的形成过程。在以上的定性分析之后，本章第三部分提出了两种物流信息网络框架，分别从层次结构和基于 OGSA 的技术框架方面进行了详细的解释。最后，列举了国内外的两个物流信息网络框架的成功实例，并在现有资料基础上进行了分析。

参考文献

[1] I. Foster、C. Kesselman：《网格计算》（第二版），金海、袁平鹏、石柯译，北京，电子工业出版社，2004。

[2] 《网格体系结构概述》，http：//www-128. ibm. com/developerworks/cn/grid/gr-fann/. 2006－09－11。

[3] 刘路沙：《第一个商务网格开始建设》，《光明日报》，http：//www. gmw. cn/01gmrb/2004－01/09/05－B69BB6D0D6ED255948256E1500826D1D. htm 2004－01－08。

[4] 李根柱、杜潇潇、申金生、高岩：《网格技术在物流领域中的应用——物流网格的构想》，《物流技术》2006 年第 1 期。

[5] 王飞跃、戴汝为、张嗣瀛、陈国良、汤淑明、杨东援、杨晓光、李平：《关于城市交通、物流、生态综合发展的复杂系统研究方法》，《复杂系统与复杂性科学》2004 年第 2 期。

[6] I. Foster, C. Kesselman. The Grid2: Blueprint for a new computing infrastructure. San Francisco. Morgan Kaufmann Publishers. 2004.

[7] 都志辉、刘鹏：《网格计算》，北京，清华大学出版社，2002。

[8] I. Foster, C. Kesselman. The Globus Project: A Status Report. Proc. IPPS/SPDP '98 Heterogeneous Computing Workshop. 1998. 4－18.

第四章
物流信息网络理论模型分析

适应网格环境的物流信息网络研究不同于一般的社会网络研究，理论上它已经高于现实水平，并指导实际物流信息网络的发展；现实中并没有形成一个完善的物流信息网络体系，这使得研究起来比较困难。针对目前关于物流信息网络相关的定性描述较多而定量分析较少的特点，本章将围绕适应网格环境的物流信息网络进行模型分析。

第一节　物流信息网络模型（LINM）构建

从目前的情况来看，现代物流正在朝着网络化的方向发展，资源共享的呼声越来越高。物流网络正处于初期的形成阶段，物流信息网络作为物流网络的一部分，“信息化仍处于初级阶段，有待提高”，“应用整合困难”[1]，其发展相对滞后，有效的物流信息网络还远未形成。所以，不能像其他实际复杂网络的研究一样基于统计物理的方法从现实的网络中提炼其特征，揭示其原理。现实情况要求必须先依据运行过程构建物流信息网络模型，并在此基础上推演其运行机理。如果能够论证模型上的物流信息网络高效合理，则可以用模型结论来指导实际物流信息网络的建设。

目前，全球信息资源环境的建设和研究工作正在加快进行。代表性研究工作主要是网格研究项目的兴起，包括美国国家科学基金会资助的 NPACI，欧盟的欧洲网格计划（EuroGrid）和数据网格计划（DataGrid），中国的织女星网格，日本政府启动的“国家网格研究”和“国家商业网格”等项目。网络环境的发展，给物流网络的发展带来了巨大的机遇和挑战。具体而言，物流信息网络的建设应该如何规划、如何运行，这是人们必须考虑的问题。如果没有进行理论论证和合理规划，以前出现的网络重复建设、此消彼长、无序发展的状况还将重现。对于这种大规模物流信息网络理论的研究，可以借鉴的经验和理论方法非常缺乏，然而网络建设却由于商业需求的拉动已经迫在眉睫。因此，相关理论的深入研究已经刻不容缓。本章首先对先进的网格互联环境进行了深入的考虑，在第三章的层次结构和技术框架下提出并设计了适应网格环境的物流信息网络模型，简称物流信息网络模型（Logistics Information Networks Model，LINM）。

一　模型假设

（1）物流信息网络模型中的节点代表物流信息提供者，包括向社会提供物流信息服务的一般企业和专业物流企业（如 3PL），也包括提供社会化物流信息服务的中间物流集成服务提供商（如 4PL），还包括范围更广的全社会物流信息服务平台（如物流信息网格等）。

（2）物流信息网络模型中的边代表节点间存在的物流信息连接，即各节点根据其加入网络后相互间是否产生直接互联和信息资源共享确定是否有边相连。

（3）物流信息网络在初始阶段原有的骨干节点基础上，每个相等的时间间隔按一定规律加入等量的各类型新节点。而且物流信息网络在较长时期内是以生长和选择信息合作伙伴的活动为主。

这几条假设是模型建立和模型分析的基础。

二　模型特征与建模过程

为了更加符合物流信息网络的中的一些实际情况，本书对经典的 BA 模型[2][3]进行了修改：首先，物流信息网络的前期，国家信息网络的建设特别是高性能的信息网格基础设施为物流信息提供者建立了一个骨干的公共平台。这个平台在建设初期起到较好的信息资源引导和组织的作用，假设它们是 m_0 个相互连接的节点。接下来，网络的形成过程需要遵循如下两条原则：

（1）生长：从少量（m_0）完全连接的节点开始，在每个时间间隔（又叫时间步）加入一个新节点，新节点带有 m 或 n（$m, n \leqslant m_0$）条边，并通过这些边与已存在的 m 或 n（$m, n \leqslant m_0$）个节点相连。

（2）混合依附：当新节点选择已存在的节点连接时，假设新节点与节点 i 相连接的概率（$\prod$）：它或者等于 $\frac{1}{N}$（N 为当前网络中已有节点总数），即随机选择；或者依赖于节点 i 的度 k_i（度即节点连接的边数）：

$$\prod(k_i) = \frac{k_i + 1}{\sum_j (k_j + 1)} \tag{4-1}$$

即偏好依附[4]规律。

其中混合依附原则是根据实际的物流信息网络情况确定的。新加入的节点如果是提供物流信息服务的一般企业和专业物流企业，这里都将其定义为一般物流信息提供者。由于其初期掌握的信息有限和从众心理的影响，对于网络信息的共享与合作倾向于按照偏好依附规律（4－1）选择信息合作伙伴，即某节点信息合作伙伴越多，新加入节点与之建立联系的可能性就越大；还有一类以第四方物流公司（4PL）为代表的特殊物流信息节点，它们在网络中既作为信息服务的直接提供者又充当物流信息的组织者和协调者，故定义它们为特殊物流信息提供者。对于这类节点采取鼓励其发展的策略，使它们能够同时按照偏好依附规律和随机概率选择信息合作伙伴，既有理性选择，又有兼顾市场平衡的随机拓展，以这种混合方式来拓宽信息资源共享的范围。

具体的模型建立步骤是这样的：

step1. 初始状态的网络中存在 m_0 个完全连接的节点，$t=1$。

step2. 每个时间步 t 往网络中增加一个节点。增加的节点中有 p 的可能为特殊物流信息提供者节点。若是特殊物流信息提供者节点，则产生 n 条边与网络中已有节点相连，其中 n 条边中有 np_a 条边随机选择已有节点相连，另有 np_b 条边则按照偏好依附规律（4-1）连接已有节点，这里要求 $0 \leqslant p_a$，$p_b \leqslant 1$，$p_a + p_b = 1$；新增加的节点有（$1-p$）的可能为一般物流信息提供者节点，每个这样的一般节点产生 m 条边按偏好依附规律（4-1）与已有节点相连。要求 $m \leqslant n$。$t=t+1$。

Step3. 若 $m_0 + t > N$，则 stop；否则，返回 step2。

第二节　物流信息网络模型仿真过程

一　系统仿真基础

系统仿真是在系统建模之后根据系统实际情况为系统求解进行的计算机模拟过程。随着人们对于客观世界理解的深入，系统的结构和关系越来越复杂，无论是系统模型的建立还是问题的求解都变得越来越困难。如果这些困难不得以解决，将直接影响人类理解世界、改造世界的进程。值得欣慰的是，20 世纪中叶计算机的出现和随后计算机及网络的广泛应用为复杂系统的建模和求解提供了强大的工具。通过计算机可以对微分方程描述的系统求解，也可以对一些无法用现有数学工具建模的系统进行模拟，以获取真实系统的运行信息，然后进行求解。管理学家戴明认为，系统的管理是一种基于预测的活动。理性的预测需要对活动可能出现的长期和短期预测结果进行系统学习和比较[5]。可靠的管理决策的关键在于精确预测可能活动结果的能力，而仿真正好提供了这种能力和远见[6]。

管理领域常见的系统仿真方法主要有离散事件系统仿真和系统动力学。离散事件系统仿真以排队系统和库存系统为主要研究对象，解决的主要是离散事件系统的性能分析和系统的优化设计方面的问题。这种离散事件系统最主要的特点是状态变量是离散变化的。管理领域和工程领域中大多数系统的状态是离散变化的而且带有随机性因素，因此非常适合使用系统仿真的方法进行定量分析。在管理和社会经济系统里还有一种连续系统的仿真方法——系统动力学方法[7]。这种方法主要用来仿真非线性的有多重反馈连续系统的动态过程。它的建模过程中一个重要的步骤就是系统的因果关系分析，即确定系统中各变量之间的因果关系，并用因果关系图表示。进一步地，进行系统动力学仿真还需要建立系统流程图和 DYNAMO 方程。

二　物流信息网络动态分析

基于 LINM 的物流信息网络的动态分析主要将针对节点度分布规律进行，因为度分布规律是分析网络动力学特征的重要基础。宏观而言，如果能够弄清物流信息网络中任意节点拥有的连接边情况，就能较好地把握网络的整体面貌。本节从分析任意节点连接边数（又称节点的度）的概率分布入手。

首先，用 k_i 表示网络中由于新节点的加入，对任意节点 i 而言与之相连的连接边的数量，假定 k_i 是连续变化的。下面采用 Mean-Field 方法来推导整个网络的度分布。

按照第一节第二部分中的描述，可以得到网络节点度的动力学方程：

$$\frac{\partial k_i}{\partial t} = p_a n \frac{1}{N} + [m(1-p) + np_b] \frac{k_i + 1}{\sum_{j=1}^{m_0+t-1} (k_j + 1)} \quad (4-2)$$

式（4－2）中网络中节点总数 N 和所有节点度之和 $\sum_{j=1}^{m_0+t-1}(k_j+1)$ 都与时间 t 有关，其中

$$N = N(t) = m_0 + t - 1$$

$$\sum_{j=1}^{m_0+t-1} (k_j + 1) = 2[m(1-p) + np]t + 2[C_{m_0}^2 - m(1-p) - np] + m_0 + t - 1$$

对于足够大的时间 t，必要的情况下可以忽略上式中的 m_0，p,m,n 等常量，这将不会对结果产生大的影响，因此有：

$$\sum_{j=1}^{m_0+t-1} (k_j + 1) \approx [2m(1-p) + 2np + 1]t$$

那么式（4－2）可以近似变换为：

$$\frac{\partial k_i}{\partial t} = p_a n \frac{1}{t} + [m(1-p) + np_b] \frac{k_i + 1}{[2m(1-p) + 2np + 1]t} \quad (4-3)$$

该式对于以后的分析非常有用。

设节点 i 是在 t_i 时刻加入到网络中的，那么 $k_i(t_i) = pn + (1-p)m$。将它作为式（4－3）的初始条件，解微分方程（4－3），对于每个 i 可以得到：

$$k_i(t) = [B(p,p_b,m,n)\cdot np_a + m(1-p) + np + 1]\left(\frac{t}{t_i}\right)^{1/B(p,p_b,m,n)} - B(p,p_b,m,n)\cdot np_a - 1$$

其中

$$B(p,p_b,m,n) = \frac{2np + 2(1-p)m + 1}{(1-p)m + np_b}$$

那么就有：

$$P[k_i(t) < k] = P[t_i > C(p,q,r,m)t] \tag{4-4}$$

其中

$$C(p,p_b,m,n) = \left(\frac{np + m(1-p) + B(p,p_b,m,n)\cdot np_a + 1}{k + 1 + B(p,p_b,m,n)\cdot np_a}\right)^{B(p,p_b,m,n)}$$

由于 t_i 必须满足 $0 \leqslant t_i \leqslant t$，要使式（4-4）成立必须限制 $0 < C(p,p_b,m,n) < 1$，这样可以有效地分析 $P(k)$。假设节点是在相等的时间间隔加入到网络中来，t_i 的取值具有定值概率密度：$P(t_i) = 1/(m_0 + t)$，那么有：

$$P[k_i(t) < k] = 1 - C(p,p_b,m,n)\frac{t}{m_0 + t}$$

因为

$$P(k) = P(k_i(t) = k) = \frac{\partial P[k_i(t) < k]}{\partial k}$$

可以得到网络节点瞬态度分布的估计解：

$$P(k) = \frac{t}{m_0 + t}D(p,p_b,m,n) \times [k + 1 + B(p,p_b,m,n)\cdot np_b]^{-1-B(p,p_b,m,n)} \tag{4-5}$$

其中

$$D(p,p_b,m,n) = [np + m(1-p) + B(p,p_b,m,n) \cdot np_b + 1]^{B(p,p_b,m,n)} \cdot B(p,p_b,m,n)$$

当 $t \to \infty$ 时，得到稳态度分布的估计解：

$$P(k) \approx \lim_{t \to \infty} P(k_i(t) = k) = D(p,p_b,m,n) \times [k + 1 + B(p,p_b,m,n) \cdot np_b]^{-1-B(p,p_b,m,n)} \tag{4-6}$$

所以，由式（4-6）可见网络节点度的幂律分布指数形式为：

$$P(k) \propto [k + 1 + B(p,p_b,m,n) \cdot np_b]^{-\gamma(p,p_b,m,n)}$$

其中

$$\gamma(p,p_b,m,n) = B(p,q,r,m) + 1$$

由以上形式可见模型中所建立的物流信息网络是一种指数大于3的幂律分布网络，具有一般复杂社会网络所共同具有的性质。

三 模型仿真实现

在物流信息网络模型的仿真实现方面，这里使用 Matlab 软件，按照其语言格式自行编制了仿真程序，进行离散事件系统仿真。

下面是主程序的代码部分。

```
function main_cn( )
clear;
N=800;
M_e=3;
```

```
N_e =5;
M0 =6;
p =0.3;
pa =0.49; % possibility of random linking
pb =1 -pa;% possibility perference attachment
% initialization networks with grid node;
A = zeros(N);
for i =1:M0
   for j =1:M0
     A(i,j) =1;
     if i = =j
         A(i,j) =0;
     end
   end
end
T =N - M0;
% rand seed injected;
rand('seed',prod(clock))
for t =1:T
   r_p = rand(1);
   if r_p < =p
      % add a 4PL node;
      for j =1:N_e
         r_pb = rand(1);
         if r_pb < =pb/p
            % perference attachment
```

```
y = pattachment(A,M0,t,rand(1));
while A(y,M0 + t) > 0
  y = pattachment(A,M0,t,rand(1));
end
A(y,M0 + t) = 1;
A(M0 + t,y) = 1;
   else
       % random linking
       y = rattachment(A,M0,t,rand(1));
       while A(y,M0 + t) > 0
         y = rattachment(A,M0,t,rand(1));
       end
       A(y,M0 + t) = 1;
       A(M0 + t,y) = 1;
        end
     end
   else
     % add a normal node;
     for j = 1:M_e
       y = pattachment(A,M0,t,rand(1));
       while A(y,M0 + t) > 0
         y = pattachment(A,M0,t,rand(1));
     end
     A(y,M0 + t) = 1;
     A(M0 + t,y) = 1;
     end
```

```
      end
    end
     % degree distribution
    sum_v = sum(A);
    sm = max(sum_v) * 10;
    deg_k = zeros(1,sm);
    for i =1:N
        deg_k(sum_v(i)) = deg_k(sum_v(i)) +1;
    end
    deg_k = deg_k /sum(deg_k);
    Bfun = (2 * N_e * p +2 * M_e * (1 -p) +1) /(N_e * pb +
M_e * (1 -p));
    Dfun = ((N_e * p + M_e * (1 -p) + Bfun * N_e * pb +1).
^Bfun) * Bfun;
    k =1:sm;
    pk = (T /(M0 +T)) * Dfun * (k +1 + Bfun * N_e * pb).^
( -1 - Bfun)
```

以上代码中调用了节点进行偏好依附选择的 pattachment 子程序和随机选择的 rattachment 子程序（见附录一），按照式（4－1）的描述不难实现它们，这里不再赘述。向量 deg_k 和 pk 分别是按照生成的物流信息网络的数值模拟结果和由式（4－5）得到的理论分布结果。

按照以上代码，在配置为 Intel Pentium Ⅲ 900MHz，256M SDR 的机器上运行了仿真程序，其结果如图 4－1。

在图 4－1 中（a）、（b）、（c）、（d）分别表示当网络参数取

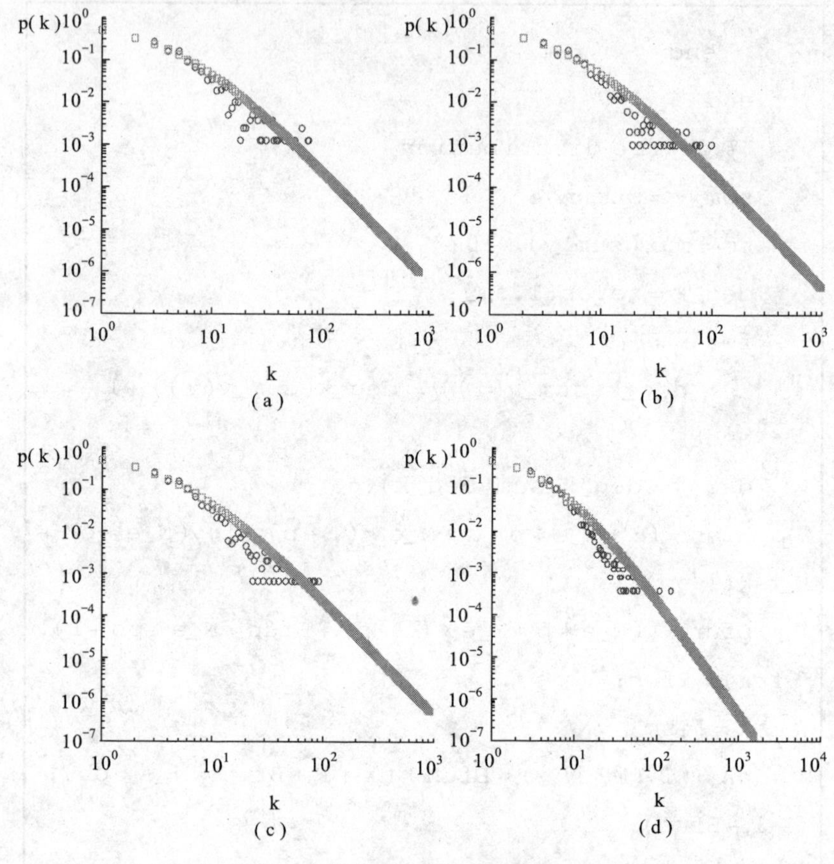

图 4－1 物流信息网络模型仿真试验结果

$m_0 = 6$, $m = 3$, $n = 5$, $p = 0.3$, $p_a = 0.49$, $p_b = 0.51$, $N = 800/1000/1500/2500$ 时，按照 step1 ~ step3 生成的物流信息网络的数值模拟结果散点图（圆点）和由式（4－5）得到的理论曲线（小方框）。这组参数可满足 $0 < C(p, p_b, m, n) < 1$ 的限制。

由图 4－1 可见，数值模拟的结果由于随机因素的影响有少数点偏离理论位置，但是其整体依然是围绕理论曲线分布的，因此数值模拟的结果和理论推导结果一定程度上保持了一致性。这也证明了构建的物流信息网络的节点度分布具有幂律形式，且可准确求得其分布指数 $\gamma(p, p_b, m, n)$。

第三节　基于模型的网络效率分析

一　Scale-Free 网络的一般性质

所谓 Scale-Free 网络指的是网络的度分布符合幂律分布，因为这样的网络局部与整体是自相似的，因此放大这个网络的任意部分会发现它和整体面貌很相似，且无法分辨当前的放大尺度，由于缺乏一个描述问题的特征尺度而又称其为无标度网络。一般认为幂律在统计物理学相变与临界现象以及在自组织临界性（SOC）中具有特殊地位[8]。本章构建的 LINM 网络模型经过证明其度分布符合幂律分布，因而是一个 Scale-Free 网络。

Scale-Free 网络具有“小世界”特性——较大的集聚系数和较小的最短路径。由于网络的集聚程度越高，重复率越大，往往导致平均最短距离越大。如此看来网络联系的广度和深度控制好像是一对矛盾。具有“小世界”特性的 Scale-Free 网络就能够在网络联系的深度和广度方面达到一定程度的平衡，在保证较大的集聚系数的前提下，实现较小的平均最短路径。

另外，研究表明[9][10]，Scale-Free 网络具有很强的容错性，但是对于基于顶点的度值或介数的选择性攻击，抗攻击能力较差，对于基于边的介数的攻击也非常敏感。与随机网络相比，无标度网络更具有鲁棒性，也就是说如果随机破坏了无尺度网络中的大部分的节点，网络仍然可以正常工作而不崩溃。但是如果特意地攻击无标度网络中的特殊节点（节点度或者介数较大）或边，网络则因为击中“要害”而崩溃掉。

由于在 Scale-Free 网络中很少的节点有很多连接，很多节点只有很少的连接，网络的拓扑结构呈现非齐次特点，因此便利于网络中的消息传播，也便利于病毒、危害、失效以及阻塞的传播和扩散。下面以传染病传播为代表加以说明。在规则网络上的研究结果表明[11]，可传染者比率 q 存在一个阈值，只有 $q > q_c$ 传染病才能大范围流行。在 Small world 网络上的研究表明，q_c 仍然存在，但是比规则网络小得多。而对于 Scale-Free 网络上传染病模型的研究结果是：对于 SIS 或 SIR 模型，不存在类似的阈值[12][13][14]，也就是说只要传染病发生，就将大范围流传开来。因此，对于这种网络上的传染病的控制就不能完全依赖于医疗卫生水平的提高，而需要从改变网络结构入手。破坏网络结构的典型方法是隔离，即强行断开某些连接，或去掉某些顶点。关于去边与去点的方式的研究一般称为对网络的攻击。

了解了 Scale-Free 网络的一般性质，能够帮助人们对物流信息网络进行有针对性的管理。例如，对于那些为数不多的超级节点，由于其在网络中的重要性，必须要加强对这些节点的安全防范。又例如，如果要想在物流信息网络上传播某种消息（广告、招标信息等）或者搜寻某种消息（调查、配货信息等），应该有针对性地寻找网络上的关键节点，争取用最少的步骤与这样的超级节点关联，这样信息的传播和获取将会更有效率和针对性。

二 LINM 网络的效率

对于物流信息网络最受关注的是结构的合理性和运行的高效性。上一节已经对构建的物流信息网络进行了度分布分析，证明了这样的物流信息网络度分布满足幂率分布的特点，而且它具有对于不同类型攻击的鲁棒性和脆弱性的双重特性。这样构建的网络还有一些其他性质，本书将通过比较与其他拓扑结构下的网络在平均路径长和集聚系数方面的异同，来评价构建的物流信息网络性能，这也是实施物流信息网络管理的必要前提。

（一）平均路径长

对于一个网络图，两点的最短路径 l_{ij}，定义为所有连通节点对 (i,j) 的通路中，所经过的其他顶点最少的一条或几条路径。记 (i,j) 之间最短路径的集合为 S_{ij}，相应的路径长度为 $d_{ij} = |l_{ij}|$。如果 (i,j) 之间不存在通路，那么记 $d_{ij} = N$，于是可以得到一个 $N \times N$ 的矩阵 $(d_{ij})_{N \times N}$。分布特征是一个重要的网络全局几何量，其平均值称为平均最短路径 d。对此，需要先求得任意两个节点之间的最短路径长度，然后求平均值即得网络的平均路径长。平均路径长是一个重要的网络指标，它可以从整体上刻画网络空间的直径。

对于物流信息网络，如果能够对这一指标进行评价，那么就可以反映出物流信息网络的整体连通性和空间延展程度，这样非常有利于随之而进行的网络节点部署的调整、信息网络节点组织间联系的加强、物流信息交换环境的改善等管理工作。

通过比较物流信息网络模型（LINM）和一般 BA 模型以及小世界模型[15]的平均路径长，人们可以判断所构建的物流信息网络模型的连通率高低。

（二）集聚系数

集聚系数的意义是网络集团化的程度，即考察网络中任意节点的相连近邻之中有多少比例彼此已经是近邻。其取值为：

$$C_i = \frac{M}{C_n^2}$$

这里 C_i 表示拥有 n 个近邻的节点 i 的集聚系数，M 为节点 i 近邻间连边的实际数目。按照这样的方法可以得到所有顶点的集聚程度，它的统计分布是刻画网络集中程度的一个重要几何量，其平均值称为平均集聚程度 C。

对于物流信息网络，通过计算实际信息网络状况中抽象出的网络拓扑图的集聚系数，可以深入地了解到网络信息资源共享的可行性及其效率。从定义可以看出，聚集系数越高的网络，一方面资源整合的可行性将越大，另一方面由于彼此影响程度的提高，信息的分发效率也越高。本书将通过比较物流信息网络模型（LINM）和一般BA模型、小世界模型的集聚系数大小，来判断所构建的物流信息网络模型的集团化程度的高低。

（三）数值比较

根据上述平均路径长和集聚系数的概念，本章通过Matlab语言程序按各模型建立的网络拓扑结构进行了模拟，并在相同规模下计算各种网络的相应取值。初始状态选择物流信息网络模型（LINM）的网络参数为：$m_0=10$，$m=3$，$n=8$，$p=0.2$，$p_a=0.3$。对网络参数求期望可以得到相应的网络规模参数，由于$3\times(1-0.2)+8\times0.2=4$，所以选择参数$m_0=10$，$m=4$的BA模型网络和SW模型网络（Small-World Network）进行相同规模的横向比较。

表4-1是物流信息网络按不同拓扑结构构建所得到的网络参数评价结果。为了更为直观，在图4-2和图4-3中分别对平均路径长和集聚系数进行了图形化的对比，从图表的结果中可以较明确地得到：在平均路径长度和集聚系数方面，LINM较同规模其他网络模型均具有一定的优势，即表现出良好的连通性和集团化水平。从管理的角度来讲，这样的网络结构将有利于信息的互通，有利于局域管理者的监管控制，从理论上也将降低网络参与者交易与合作的成本。

在细节方面，由图4-2可以看到，三种模型下的网络平均路径长与网络规模N的对数呈明显的线性关系，同时相同规模的LIN网络和BA网络相对于SW网络的平均路径长要短，说明它们的网络连通能力强，其中本书提出的LIN网络的优势稍大。图4-3中随着网络规模的扩大，网络的集聚系数产生不同的变化：

表 4－1　物流信息网络不同拓扑结构评价结果

		LIN	BA	SW
参数		$m_0=10, m=3, n=8, p=0.2, p_a=0.3$	$m_0=10, m=4$	$m=4$
平均路径长	L(N=500)	2.9364	2.9582	3.7096
	L(N=350)	2.8066	2.8165	3.4787
	L(N=200)	2.5909	2.6191	3.1593
	L (N=50)	2.0016	2.0367	2.2645
集聚系数	C(N=1000)	0.0409	0.0331	0.3404
	C(N=500)	0.0849	0.0588	0.3453
	C(N=350)	0.1156	0.0757	0.3446
	C(N=200)	0.1620	0.1304	0.3576
	C(N=50)	0.4262	0.3875	0.4207

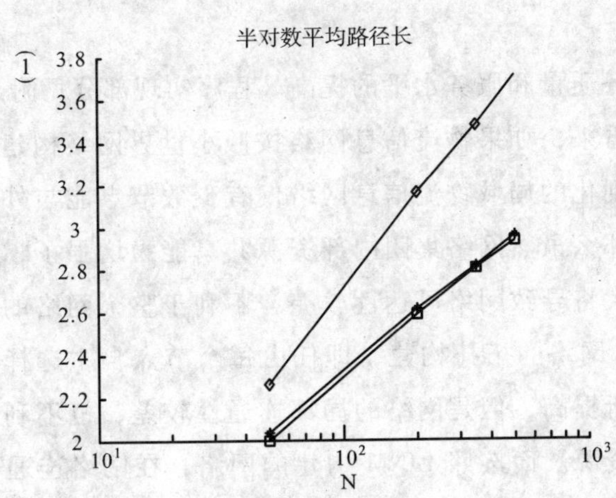

图 4－2　不同网络拓扑下的平均路径长

SW 网络集聚系数的变化相对于时间独立，而 LIN 网络与 BA 网络的集聚系数则随时间增大而减小，近似满足 $C(t)=Bt^{A}$[15]。而且本书设计的 LIN 网络相对于一般的 BA 网络集聚系数的下降速度较为平缓，网络节点间联系程度有较大提高。这些数据上的优异表现反映在现实中将体现为网络整体性能的提升，表现了物流信

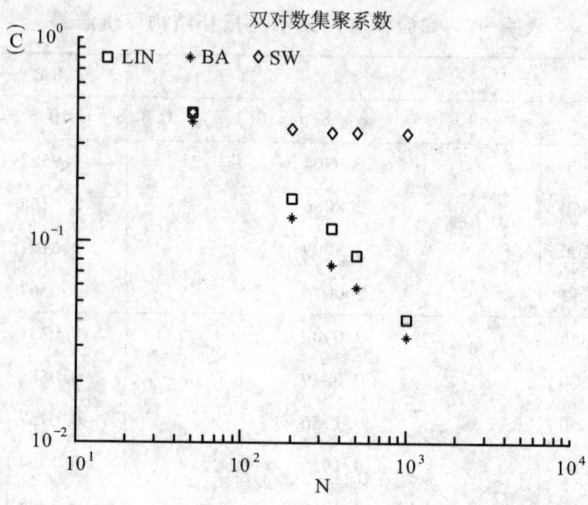

图 4-3　不同网络拓扑下的集聚系数

息网络服务质量和服务水平的提高。程序实现部分见附录一。

由此看来，如果物流信息网络按照小世界网络构建，即让每个内部规则化的局域物流信息网络仅有少数节点能与外界网络取得联系，那么虽然网络集团内部资源共享能力增强了，但是平均路径长过大将导致网络可达性较差，不利于整个网络的连通。如果按照 BA 网络的拓扑构建，即任由每个节点自主选择，网络性能相对有所提高，但是网络的局部连通性较差，也不利于最大限度地共享资源。而按照 LINM 构建的网络，在网络连通性和集团化水平方面相对于 BA 模型均有所提高，而且克服了 SW 网络的不足，对现实的物流信息网络建设和发展而言是一个“非劣”的选择。

第四节　小结

本章是对适应网格环境的物流信息网络构架的模型分析过

程。本书中主要采用的是复杂网络的分析工具，建立了一个物流信息网络模型（LINM）。该模型不仅考虑了物流信息网络中的个体因为类别的差异而出现的不同行为方式，也考虑了基于网格基础设施的层次结构特点。通过推导和 Matlab 语言仿真实现，发现 LINM 中节点的度服从幂律分布，说明了所构建的物流信息网络是一个无标度网络。最后，结合物流信息网络的管理问题，本章还分析了网络的效率。

参考文献

[1] 吴志惠、刘卫战、李雅惠：《2005 中国物流信息化调查报告》，《中国物流与采购》2005 年第 18 期。

[2] Barabási A. L., Albert R., Jeong H., *Mean-field theory for scale-free random networks*, Physica A, 1999 (272): 173 - 187.

[3] Barabási A. L., Albert R., *Emergence of scaling in random networks*, Science, 1999 (286): 509 - 512.

[4] Albert R., Barabási A L., *Statistical mechanics of complex networks*, Review of Modern Physics, 2002 (74): 47 - 97.

[5] Deming W. E., *Foundation of management of quality in the western world*, Paper read at a meeting of the Institute of Management Sciences, Osaka, Japan, 24 July 1989.

[6] Harrell C. R., Ghosh B. K., Bowden R. O., *Simulation Using ProModel, Second Edition*, New York: McGraw-Hill, 2004.

[7] Forrester J. W., *Principles of Systems*, Cambridge: The Wright-Allen Press, 1968.

[8] Per Bak, *How Nature Works: the Science of Self-Organised Criticality*, New York: Copernicus Press, 1996.

[9] Albert R., Jeong H., Barabasi A L., *Error and attack: tolerance in com-*

plex networks, Nature, 2000 (406): 378 - 382.

[10] Holme P., Kim B. J., Yoon C. N., Han S. K., *Attack vulnerability of complex networks*, Physics Review E, 2002 (65), 056 - 109.

[11] Moore C., J. Newman M. E., *Exact solution of site and bond percolation on small-world networks*, Physics Review E, 2000 (62): 7059 - 7064.

[12] Dorogovtsev S. N., Mendes J. F. F., *Evolution of networks. Advances in Physics*, 2002, 51 (4): 1079 - 1187.

[13] Lloyd A. L., May R. M., *Epidemiology: How Viruses Spread Among Computers and People*, Science, 2001, 292 (5520): 1316 - 1317.

[14] Paster-Satorras, R. Vespignani A., *Epidemics spreading in scale-free network*, Physical Review Letters, 2001 (86), 3200 - 3203.

[15] Albert R., Barabási A. L., *Statistical mechanics of complex networks*, Review of Modern Physics, 2002 (74): 47 - 97.

第五章
物流信息网络运作管理

物流信息网络的管理是在物流信息网络构建过程中以及建设完成以后所进行的计划、组织、指挥、协调和控制等活动。管理的目的是为了调度各种网络资源，追求以最小的投入获取最好的结果或者最大的产出，引导物流信息网络从个体的无序竞争过渡到整体的有序发展。物流信息网络的管理是一个新生事物，所包含的内容除了传统的管理内容之外还包含一些网络管理所特有的性质，它不同于一般的信息管理。人们对于物流信息网络管理的研究还比较少，可以参考的资料有限，这里将对物流信息网络管理的几个方面进行论述和创新。

第一节　物流信息网络运作管理概述

随着物流网络规模的扩大，所提供的业务种类的增多，物流信息网络也随之复杂起来。在物流网络体系中，物流信息网络管理是一个关键环节，其管理的质量将会直接影响网络运行的效率。物流信息网络管理是指监督、组织和控制物流网络服务以及信息处理过程所涉及的各种活动的总称。其目标是通过信息手段确保物流网络持续正常有效的运行，并在物流网络运行出现异常时能及时响应和排除信息网络中的故障。这里之所以研究物流信息网络运作管理，是因为将关注的重点放在物流信息网络建立以后的运行过程，而将前期的网络结构、设备布局、协议标准确定等作为系统状态。本书讨论的物流信息网络运作管理将是一种动态管理，是管理者与被管理者之间一系列的动态博弈过程。

一 网络管理思想和体系结构

物流信息网络的管理还是一个新兴事物，但是它与通讯网络管理、计算机网络管理、企业内部网络管理有着许多相似的地方。所以，既能够归纳总结一般信息网络管理中的思想，又能根据物流信息网络的实际情况适当创新，将是物流信息网络管理研究的一个可行方法。

调查发现，不仅传统的网络管理模式在物流信息管理中得到了不同程度的应用，而且一些先进的现代网络管理手段也频繁采用，如远程网络监控（RMON）[1]、基于 Web 的网络管理模式、基于 Agent 的网络管理模式等。为了进一步研究网络运作管理，下面将总结网络管理中的主要思想及其体系结构。

（一）集中式网络管理

集中式网络管理是网络管理最常用的一种管理模式。一般情况下，网络管理系统都是以平台为中心的。基于平台的应用能够实现与需要的数据相分离，以及与需要控制的设备相分离。处于该结构体系核心地位的网络管理平台建立在一个服务器系统上，采用单一的集中式数据库，整个系统的信息搜集和控制都由该平台负责。同时为达到系统的冗余控制，一般都设计两个或多个完全一样的系统，其中一个处于工作状态，另一个进行定期的备份。

图 5－1 是集中式网络管理的示意图，左图（a）代表了由一个简单管理服务器控制整个网络的形式；右图（b）称为一种平台方法[3]，网络管理分为管理平台和管理应用两部分。

该体系结构应用的场合：

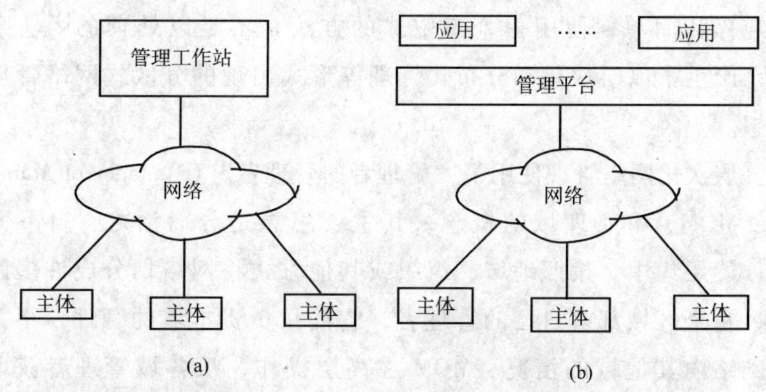

图 5－1　集中式网络管理[2]

（1）处理所有的网络报警和事件。

（2）处理所有的网络信息。

（3）访问所有的管理应用。

该体系结构的缺点：

（1）所有网络管理功能完全依赖于单一的系统，不能做到较高级别的冗余或容错。

（2）管理中心成为整个系统的瓶颈，所有信息处理集中在管理中心，易造成网络拥塞。管理中心一旦出现故障，整个管理系统瘫痪。

这种集中式管理主要体现了中心控制、资源与管理相分离的思想，具有结构清晰、实现简便、控制直接等特点，对于集中的业务需求具有高效性和一致性的优点，但是却难于满足大规模、个性化、复杂的应用需求。另外，集中式管理结构也限制了整个网络规模的扩大，影响了网络的发展。

（二）层次化网络管理

虽然一些研究者认为大多数的网络管理问题可以被一个集中

的 SNMP[4] 协议解决，但是实际网络中的管理问题却往往不是那么纯粹和简单，使用一个集中式的方法是不足以处理的[5]。于是，产生了以层次化和分布式管理等形式出现的分散式网络管理思想。

层次化网络管理使用了“管理者的管理者”（Manager of Manager, MOM）和管理域的概念，其主要思想是分而治之，自下而上，逐层集中。按照地域、组织或其他方式将网络划分成许多区域，每个区域都有自己的管理者，它们只负责本域的管理，不关心网络内其他域的情况。MOM 在高层操作，从各域管理者获取管理信息，域管理者之间并不通信[6]。这种系统是可以升级的，通过加入另一个 MOM 水平的管理者，就形成了一个多级层次结构（见图 5－2）。

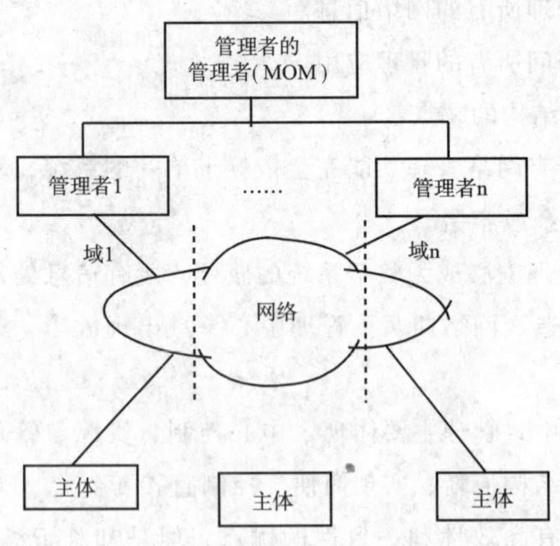

图 5－2　层次化网络管理[2]

在图 5－2 所示的层次化网络管理结构中，MOM 管理者管理着各域管理者，域管理者管理着所在域的各主体（Agent）。

这种管理平台具有如下特点：

（1）不依赖于单一的系统。

（2）网络管理任务分散。

（3）在网络各处进行网络监控。

（4）集中信息存储。

该体系结构的缺点：

（1）各个被管设备的信息收集不方便。

（2）每个用户设备配置和定义需要预先手工配置。

（三）分布式网络管理

分布式体系结构结合了集中式和层次式这两种方案的特点。但与集中式的单一平台或层次式的客户机/服务器平台的做法不同，分布式方案使用了多个对等的平台。其中一个平台是一组对等网络管理系统的管理者，每个对等平台都有整个网络设备的完整数据库，使其可以执行多种任务并向中央系统报告结果。其结构如图 5－3。

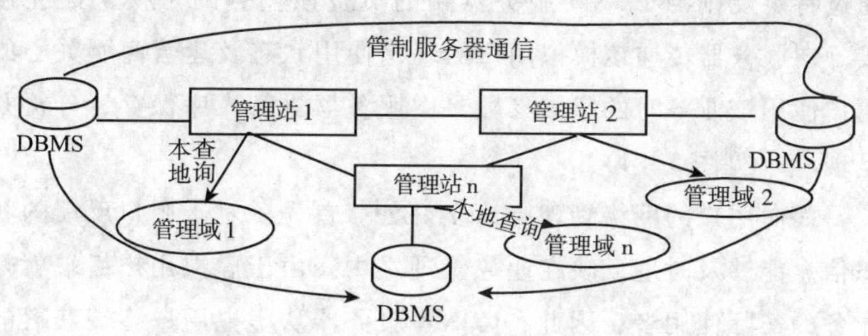

图 5－3　分布式网络管理[7]

分布式体系结构具有如下优点：

（1）任一地点都能获得所有的网络信息、警报和事件。

（2）任意地点都能访问所有网络应用。

(3) 不依赖于单一的系统。

(4) 网络管理任务分散。

(5) 网络监控分布于整个网络。

通过分布式管理，网络管理的可靠性、鲁棒性和性能得到提升，同时，网络管理的通讯与计算费用也随之下降[8]。分布式网络管理更进一步体现了分散管理的思想，在对等的系统之间进行通讯和信息检索。

(四) 面向用户网络管理

面向用户网络管理（CONM：Customer-Oriented Network Management）可以满足运营网络上的用户不间断和高质量的服务需求，是对现有网络管理思想的补充和完善。与传统网络管理系统自下而上的管理逻辑不同，CONM 的管理逻辑是自上而下的，它面向最终业务用户，针对上层业务应用提供对业务过程的全程保障和维护，与“以客户为中心”的运营理念相吻合。

其原理如下：设立虚拟用户终端（Virtual Customer Terminal），依照该业务的接入特性作为普通用户接入业务承载网，并通过特定规则与 CONM 服务器端的负责该业务的子模块建立连接，向服务器传递该模拟用户的现网使用状态及运营商所关心的用户使用该业务时的感知参数，由服务器进行入库保存、分析并呈现[9]（见图 5-4）。

面向用户的网络管理有诸多好处。首先，对于用户反馈的状态信息能够及时地反映在业务管理之中。由于虚拟用户终端就是业务的实际使用者，因此，CONM 服务器从虚拟用户终端获得的信息可以直接反映该业务的质量与运行状态。所以，在网络正常运转时，CONM 系统能够呈现所管理业务的各项性能指标，能够帮助了解业务的状态和质量；而网络中任何网络单元或链路出现故障，一旦对所监控管理的业务产生影响，CONM 系统都可以在第一时间捕捉并呈现，及时做出初步的故障定位，再由维护人员及时将相关信息反馈给客服系统，并对该故障进行处理。

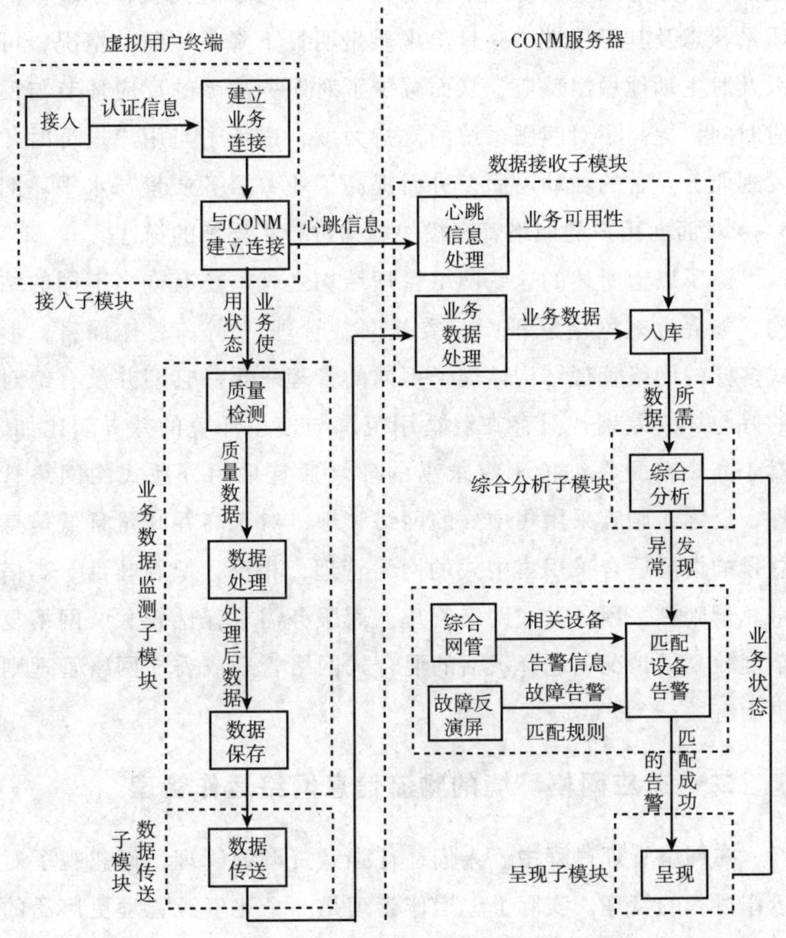

图 5－4　面向用户网络管理[9]

其次，面向用户的网络管理使得针对业务运转的维护流程发生了改变。原有的业务维护流程是根据自下而上的网络管理逻辑确定的，当某一设备发生故障时，由该系统维护人员根据经验分析和判断故障会对哪些业务产生影响，并逐一通知各归属的业务单位，再由业务单位的维护人员确认后，通知客服系统该业务处于质量不佳或中断的状态，并由其对相应的客户做好解释、安抚工作。而通过 CONM 系统，业务维护人员可以直接了解本业务的质量状态及其可用性，一旦出现质量明显下降或中断的情况，可以及时主动地做出反应，从而减少了对业务故障的反应环节与反应时间，提高了对客服系统的支持力度，避免了当用户投诉时才发现业务异常的被动局面，进而提高了业务服务质量与水平。图 5-4 对面向用户的网络管理模块结构进行了详细的描述。

除了以上所述的这些网络管理结构之外，还有许多不同的结构，如混合式网络管理[2]、委托网络管理[10]等。总体而言，形式多样的网络管理结构体现了不同的管理思想。它们并没有绝对的好与坏的差别，只存在着适用范围与使用环境的差异。比如，对于高频率的联机检测需求高的环境适宜采用分散式的网络管理，反之，则宜采用集中式的网络管理；对于高吞吐量且低信息总量的情况适合采用集中式的网络管理，相反，低吞吐量、高信息总量则宜采用分散式网络管理。而服务需求弹性较大、网络复杂度较高的情况，选择灵活的混合式网络管理或委托网络管理则更为有效。

二 适应网格环境的物流信息网络运作管理

在网络管理过程中，人们往往强调资源的管理，而忽视了对运作过程的管理。实际上，运作管理是一个比资源管理更广泛的概念。网络管理不但需要对网络节点的布局、设施的规划、资源的统计等静态的信息、资源等进行管理，还需要对网络运行起来以后的发展变化进行严密的监控和协调。这里就涉及网络管理的另一个层次——网络运作管理。物流信息网络运作管理是指：在一定的资源约束下，结合动态的物流信息资源管理策略，围绕物流信息业务运行流程进行控制，实现运行优化、故障管理、性能管理、计费管理、安全管理等网络管理功能，以达到有效整合信息控制下的各种物流资源、提高物流网络运作效率和服务水平的目的。

物流信息网络不同于一般的通讯网络、计算机网络，该网络提供的产品是物流信息服务，物流信息服务是随着物流服务的变化而千变万化的。当今社会，用户服务需求越来越趋向于个性化和柔性化，“一站式”、“定制化”物流信息服务也悄然兴起，然而固定统一的网络管理模式往往难于很好地满足需求。因此物流信息网络管理需要借助通讯网络、计算机网络的管理思想和技术，更需要结合社会系统的管理思想和方法针对物流信息网络的运作特点进行管理。

物流信息网络是建立在网络设施基础之上的，“水可载舟，亦可覆舟”，因此其管理过程需要同网络环境相适应才能实现信息网络与环境的良性循环。结合本书前面章节的论述，适应网格环境的物流信息网络是网格与物流网络相融合的具体形式，那么物流信息网络运作管理与网格环境相适应也是这一融合过程的重要体现。应该注意，网络形式，尤其是网格，本身就是一种新的管理思想和管理模式的载体。它不只是设施环境和实现技术，还是一种理念、一种手段、一种方式。它超越了产品、技术与产业的范畴，甚至成为人类生存和发展的大环境，构筑人类的新经济、新生活、新社会。本书研究适应网格环境的物流信息网络运作管理，就是利用网格的强大功能实现对传统管理能力局限的突破，改变管理者对自身和管理系统的认知，在管理时效性、管理质量和管理成本等方面获得提升。

图 5-5 是适应网格环境的物流信息网络管理功能结构示意图，图中重点描述了资源管理、运行优化、故障管理、性能管理、计费管理、安全管理等网络管理功能。它是依据国际标准化组织在 OSI（开放式系统互联参考模型）的网络管理模型中规定的网络故障管理、网络配置管理、网络性能管理、网络计费管理

和网络安全管理五大网络管理功能[11]的基础上修改提出的。下面就此图简要介绍一下这几个功能模块。

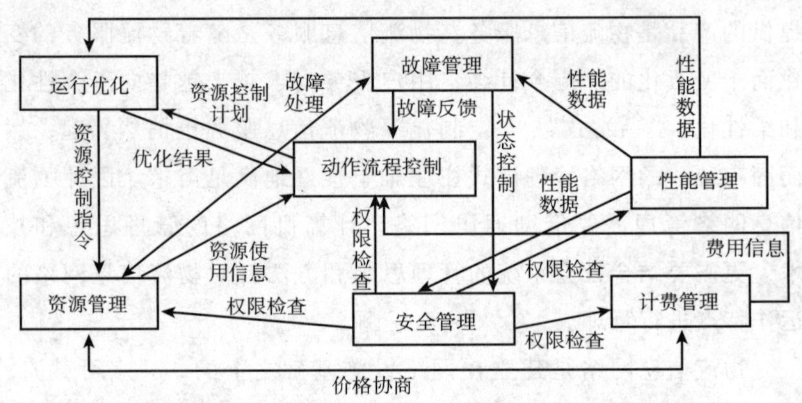

图 5－5　适应网格环境的物流信息网络管理功能结构

（一）资源管理

资源管理既包括网格资源的管理，也包括物流信息资源的管理，所以它是一项针对网络硬件资源和软件资源的管理职能。网格资源管理是通过标准应用接口访问网格自身资源管理系统实现的，它需要随着物流信息网络运作过程进行动态改变。物流信息资源管理则是面向服务的物流网络信息集成优化过程，它通过网格分布式技术、优化方法等，将可用的物流信息连成一体，按照用户服务需求在物流信息支撑起的“资源可行集”中选择和调整物流网络的资源。

（二）运作流程控制

运作流程控制完成面向服务流程的全程控制、协调过程，它由物流信息服务所触发，按照用户需求及时组织资源和启动相应的管理模块，这样灵活地避免了资源占用，快速响应了服务需求。该功能非常适合于网格环境中分散式管理模式下的任务总控制，包括从对客户物流信息服务响应、服务流程设计、过程优化、资源发现与调度、网格全局的状态跟踪和实时了解当前网格资源应用情况，到最终服务完成以及用户反馈等过程。特殊情况下，它需要及时调整网络运作时的结构，例如增加资源节点、重新配置资源间的连接关系，或者根据故障信息和性能数据调整服务或撤销服务等。

（三）性能管理

性能管理包括对网格运作过程的性能管理和对物流服务流程中的性能管理。关于前者，可以测量网格中硬件、软件和媒体的性能，包括整体吞吐量、利用率、错误率、丢包情况和响应时间等技术指数，并以数据表和实时图形进行显示。通过观测点搜集的性能参数，建立性能分析模型，进行在线分析或者历史数据分析，指导网格运作甚至调整网格结构。关于后者，性能管理通过向其他功能模块发送性能数据，辅助各模块的功能实现。例如，发送性能数据将便于运作流程控制模块掌握确切的网格状态信息和服务状态信息；计费管理也可以根据服务性能监督服务主体的努力水平，确定激励程度；性能数据也是安全管理模块调整安全策略的重要依据。

（四）安全管理

安全管理主要负责网格环境下物流信息网络管理体系本身的安全及被管理区域的安全两个方面。安全管理提供用户身份认证、权限管理、数据信息传输和存储的保密机制，防范内部安全漏洞和抵御外部非法入侵。被管理区域的安全又包括区域管理系统本身的安全及被管资源的安全。在网格环境中，资源异构性较大，结构复杂，各管理域的安全策略需要与网格主干的安全策略协调，以避免因为局部的安全而影响全局的安全。安全管理可以向物流信息网络运作过程中的其他功能模块提供权限管理服务，也可以结合性能数据和故障反馈信息启动实施有针对性的安全防范策略。

（五）故障管理

故障管理是对网格物流信息资源和物流网络服务过程中的故障进行定位的过程，包括发现问题、保护状态、分析问题和修复问题四个步骤。故障管理通过对性能数据的监测和分析，将故障消息反馈给运作流程控制模块；同时分离出现问题的网格部分，建立故障状态表保护好参与运行的资源以及其他服务；提供故障分析信息帮助资源管理重新进行资源分配。

（六）计费管理

计费管理的主要功能有两个，一是度量各个用户和应用程序对网格资源、物流信息资源的使用情况，并依据一定的规定收取相应的费用；二是对物流信息服务包含的各类资源的计划总费用进行估算，便于资源管理和调整资源使用计划。另外，通过收费统计，可收集各种访问信息，有利于网络需求与服务的统计。

（七）运行优化

运行优化功能是网格计算功能的一种应用衍生。它将运行流程控制部分发出的资源控制计划按照控制流程模拟实现，对可行资源组合进行算法分析，并将优化结果返回给运行流程控制部分，或以资源控制指令的形式来优化资源管理。

纵观以上物流信息网络管理的几大功能，设计中既满足了相互功能的独立性，也保证了相互之间能够围绕服务运作过程进行必要的联系。总体而言，用户要求物流信息网络服务形式灵活多变、服务质量高、服务状态可控制，这使得物流信息网络的管理过程首先体现了面向服务的思想，继而以服务的运作流程为总线，采取多层次的动态管理模式，来提高网络运行的效率。

第二节　物流信息网络运作管理原则

物流信息网络的管理包括各级管理主体对公用资源（如网络

基础设施)、信息资源节点以及信息终端用户等行使的各项管理职能。其目的是使得物流网络信息及时、准确地流转，从而有效指导物流网络的运行，提高物流网络的通过能力和透明程度。物流信息网络管理所面对的是一个错综复杂的网络，管理的好坏直接决定着物流信息网络的效率。“没有规矩不成方圆”，合理的规则将提高人们的办事效率，使相应的管理能够有“法”可依。根据网络管理的一般经验制定一些原则与方法，将使得物流信息网络管理的实施有据可循，也有助于物流信息网络管理问题的解决。

一 全局最优原则

全局最优原则即物流信息网络全局的服务效率最高和服务总成本最小原则。这是物流信息网络管理的宏观目标，也是物流信息网络运作中各种措施的选择标准。这一原则首先强调全局优化的观念，其次要求服务效率与服务成本的均衡。

二 物流信息增值原则

物流信息网络中出现的信息应以合适的形式存在，并采取合适的手段进行管理，直接目标是为了实现物流信息的增值效益。最初的私有信息是选择保持原有状态还是逐步开放，主要取决于能否增加物流信息资源的价值；反之，原本开放的资源选择进一步网络托管或是转变成私有，也是根据这一增值原则。在全局最优原则之下，通过网络管理以实现微观增值水平最高，势必形成一个综合网络整体利益与局部节点利益的“双层规划[12]”。

三 信息完整和准确性原则

物流包含运输、仓储、配送、流通加工、包装、装卸搬运、信息处理等环节，信息流则是它们彼此联系的纽带。从层次上讲，物流又分为作业层、战术层和战略层，而物流信息则是层次间承上启下联系的关键。不同环节、不同层次的物流活动带来了各自的物流信息，这些信息由于各种原因，有可能是残缺的，也有可能出现差错。随着顾客服务要求的不断提高，如果不对这些来源不同的信息进行综合考察或者没有进行必要的准确性检验，则有可能使得物流服务“差之毫厘，谬以千里”，而且还将影响以后的决策，隐患严重。信息完整和准确性原则要求物流信息网络管理过程中重视服务信息搜集工作，分门别类进行管理，仔细核实，不可遗漏关键信息和使用虚假信息，兼顾物流信息资源的完备性和纯粹性。它是一切物流信息网络管理工作的基础。

四　网络通透性原则

“流水不腐，户枢不蠹”，物流信息服务由物流信息网络集中提供，网络信息的完整和准确固然重要，但是没有高性能的承载和传输网络，物流信息将成为“一潭死水”。信息需求者并不需要知道信息的搜集、互操作、整合和校准等具体过程，他们只关心物流信息服务的效果和所花费的成本。整体的物流信息网络运作过程对需求方来说是透明的，对自身而言则必须是高效畅通的。物流信息网络管理的通透性原则就是要通过各种手段提高整个网络的信息通过能力，以及网络节点间、需求者与信息网络间的信息透明性。遵循此原则，网络参与者将更便利地分享网络信息，有效避免用户烦琐的开发和盲目的建设，以及由于信息不对称而引起的不公平竞争等现象。任何人为的约束和分割都将增加网络的复杂性，从而导致网络效率的下降。

五　网络安全可靠性原则

物流信息网络管理的另一重要目标是保证网络的安全可靠。一般而言，网络的安全性和可靠性是所有网络管理的物理基础，实施网络安全管理则是进行有效网络通信、网络传输、网络交易的前提条件。物流信息网络管理的网络安全可靠性原则包含更多内容。它不仅要求物流信息网络的管理工作以提高网络的物理安全性和可靠性为目标，更要求以提高整个网络环境的安全性和可靠性为目标。如通过对网络参与者的用户跟踪管理提高信息网络经济活动中的安全可靠性，通过信息激励等管理措施提高信息网络中委托人和代理人之间的信息对称性，防止逆向选择和败德行为[13]等；又如规划、控制网络拓扑结构以提高网络对抗恶意攻击的鲁棒性等。

六 网络活动经济性原则

在对物流信息网络活动的管理过程中，经济性原则主要是指信息网络内部以及网络与外界环境之间的信息资源的共享应该遵循市场规则。在网络环境中，市场这一“看不见的手”依然影响着网络上的行为和管理。企业是趋利性组织，追逐经济利益是其活动的直接目的。由众多的物流企业、制造企业等形成的物流网络（物流组织网络）自然也有它的经济目的。物流信息网络中一切内、外部资源的共享既是一种合作也是一种交易，所以同样需要对其进行成本和效益核算。同时，网络的经营者（政府、企业都可以看做局部网络的管理者）也需要对管理过程本身进行经济学分析，找到网络信息管理活动投入与产出的内在关系，以帮助选择最佳的管理策略。

七 权利与义务平等原则

物流信息网络中存在着众多的利益主体，它们之间的冲突在所难免。如在网格环境中，网格服务平台对节点信息资源的管理权限及服务收费的确定，信息提供商对于不同类型物流信息需求方的服务定价，还有整个网络服务成本分配等都可能导致冲突的产生。在物流信息网络中，由于物流信息的复杂性，导致了各利益主体在相互博弈的过程中所考虑的因素不仅种类繁多，而且时空状态也有差异。这里提出的权利与义务平等原则是一个物流信息网络中的公平原则，此原则要求权利或者利益的获得应与其所尽的义务相匹配。根据这一原则可以公正地分析网络利益主体的冲突。譬如，在物流信息网络成本管理过程中，物流信息需求方由于信息的获得而获利，那么获利的多少将决定他所承担的成本，而不能将信息当成一般产品统一定价。物流信息网络的管理机构，由于其在网络建设、管理以及物流信息网络运营过程中的信息支持和激励等方面的努力，它将获得与之对应的管理权利和物流信息交易的佣金。

八　环境相容原则

物流信息网络的发展将与外界环境和谐发展，其管理过程必须推动这一过程的实现。物流信息网络管理的环境相容原则是指为实现物流信息网络与外部环境变化的一致性而需遵循的规范和标准。具体而言，包括物流信息网络与硬、软两类环境的相容。硬环境是指一些物理环境，譬如网格硬件环境，通过接口连接的其他网络系统、内部异构的子网等；软环境是指市场需求变化、技术革新、应用软件升级、自然环境等外围环境。另外，在不同国家不同地域的物流信息管理还需要同当地实际情况相适应。以中国为例，物流信息基础设施建设起步较晚，基础薄弱，那么在管理过程中就应该因地制宜，重点放在鼓励和监督信息化基础建设上，如物流标准化、物流人才培养等。然后再逐步推进网络化、网格化，不能一蹴而就。物流信息网络存在于这些环境因素之上，其管理过程也不能抛弃这些因素。为适应这些环境的变化，物流信息网络的管理需要重点促进信息网络的标准化建设、面向服务的设计，以保持物流信息网络的可持续发展。

第三节　物流信息网络运作管理方法

物流信息网络运作管理的方法是依据上述的管理原则采取的具体管理措施和指导办法。物流信息网络中的管理方法有类似于一般组织的管理方法的地方，也有物流信息网络特有的属性。这些管理方法主要可分为两类：对于网络内部个体的管理方法以及对于宏观网络的整体管理方法。物流信息网络管理方法因管理内容的变化而变化，其形式不胜枚举，这里无法一一罗列。下面主要将以物流信息网络节点跃迁行为的管理方法为例，对物流信息网络特有的管理方法进行初步介绍。

一　物流信息系统网络化方法

国内学者何明珂在《物流系统论》[14]中指出物流系统网络化过程涉及非常多而复杂的网络优化问题，这些问题的解决已经有很多成熟的方法可以采用。在物流网络决策中方案的比较与选择过程，可以在计算机技术和信息网络技术高度发达和普及应用的情况下，通过一些现成的管理决策软件解决。物流信息网络是物流网络的一部分，自然也可以使用这样的软件。另外，在网络规划与网络评价过程中，还可以借鉴运筹学和图论的方法，如运筹学中的网络理论，可以提供计算物流信息网络的最大流、最短路径、最大网络费用等问题。详细的物流网络优化方法可参见张文杰、李学伟编著的《管理运筹学》[15]。因为这些理论发展比较成熟，因此这里不作介绍。

二　物流信息网络节点跃迁管理方法

根据上一章物流信息网络模型（LINM）的分析可知，物流信息网络中节点自身服务影响范围的扩大表现在其吸引临近节点能力的加强，但是与之相连边的数目一旦达到一定规模时，节点的信息业务负担加重，业务处理能力将急剧下降，甚至可能成为信息网络中的瓶颈。这是人们不愿看到的。如何采取必要的管理方法以解决这一矛盾呢？这里笔者提出对物流信息网络模型中的节点跃迁行为管理的方法。

所谓物流信息网络节点跃迁是指：物流信息网络中，当信息业务量大的节点连接边数达到一定限额，将重点投入资金、设备、人力将其升级为物流信息网格节点，实现能级跃迁。这些跃迁节点与网络初始时期出现的物流信息网格节点共同形成动态的物流信息骨干网格节点。物流信息网络中节点跃迁行为将导致以下两个结果：大规模信息设备等建设资金的投入及相关管理与维护费用的增加；由于缓解了信息瓶颈压力使得信息一致性、网络覆盖率等指标均得到提高，网络服务能力大大增强，物流信息服务利润也将增多。节点跃迁行为管理方法就是要选择适当的限额，使利润最大化。其核心思想是使网格环境能够随着物流信息网络的运作状况动态调节，以更好地实现双方的协同。

为了更好地说明物流信息网络节点跃迁过程和明确管理方法的实施，需要进行数值分析及实现。这里沿用上一章物流信息网络模型（LINM）的参数、度分布等信息，在模型基础上进行分析，并采取 Matlab 软件完成数值实现。

物流信息网络的节点跃迁行为管理实质上就是要解决下面这一优化问题：

$$\max_{c \in N} f(c,t) = -C_1\left[N(t)\int_c^{+\infty} p(t,k)\,\mathrm{d}k - m_0^{+}(t)\right] + C_2 N(t)\int_c^{+\infty} p(t,k)\,k\,\mathrm{d}k \tag{5-1}$$

式（5－1）中，c 为上文提到的连接边数限额，f（c，t）表示 t 时刻限额值为 c 时的效益函数；C_1，C_2 为常数，C_1 表示每增加一个物流信息网格节点的各项费用，C_2 表示提高一条信息服务通道（边）服务水平的经济收益；$N(t)$，$p(t,k)$ 是指 t 时刻网络的节点总数和节点度分布；$m_0^+(t)$ 表示初始的 m_0 个物流信息网格节点中在 t 时刻节点度不小于 c 的节点个数。

解这样一个无约束优化问题，需要将 c 的变化连续化，然后根据 $f'(c,\ t)=0$，$f''(c,\ t)<0$ 的二阶必要条件，可以求得最优解为 $c^*=\dfrac{C_1}{C_2}$。

有趣的是这个最优解与时间无关！那么意味着对于物流信息网络的节点跃迁行为，可以实施较为宽松的管理策略。网络跃迁的固定限额只与网络中的平均节点成本和节点费用有关，如果短期内它们不发生变化，或者同步变化（随着时间变化它们之间的比值保持稳定），固定限额将保持不变。这样一旦确定好网络跃迁的固定限额以后，可以按照标准提升突出节点的服务能力，而短周期内不用考虑时间的变化。

这一结果还可以通过以下的数值试验来验证。

图 5－6 的(a)～(d)为网络参数取 $m_0=6$，$m=3$，$n=5$，$p=0.2$，$p_a=0.3$，$C_1=200$，$C_2=10$，$N=300$，500，1000，1500 时的效益函数图像。从图中可以看到在 $c=20$（$=C_1/C_2$）时，效益函数曲线达到极大值点。

根据图 5－6 中所示，数值试验与推导结果完全吻合。但是，因为结果是在 C_1，C_2 恒定不变的前提下得出的，这就理想化了实际网络环境。实际上，由于价格的波动以及顾客对服务质量要求的变化，它们的变化也是动态的。对于这些动态因素的相互影响使问题复杂程度急剧上升，这里不做进一步的探讨。不过值得庆幸的是，在一定时期内推导的结果是有效的。因为从图 5－6 中可以看到在极值点附近效益函数图像是平缓变化的，这就使得前面推导的结论具有一定的稳定性，因而对于实际的网络运作管理仍然具有一定的应用价值。

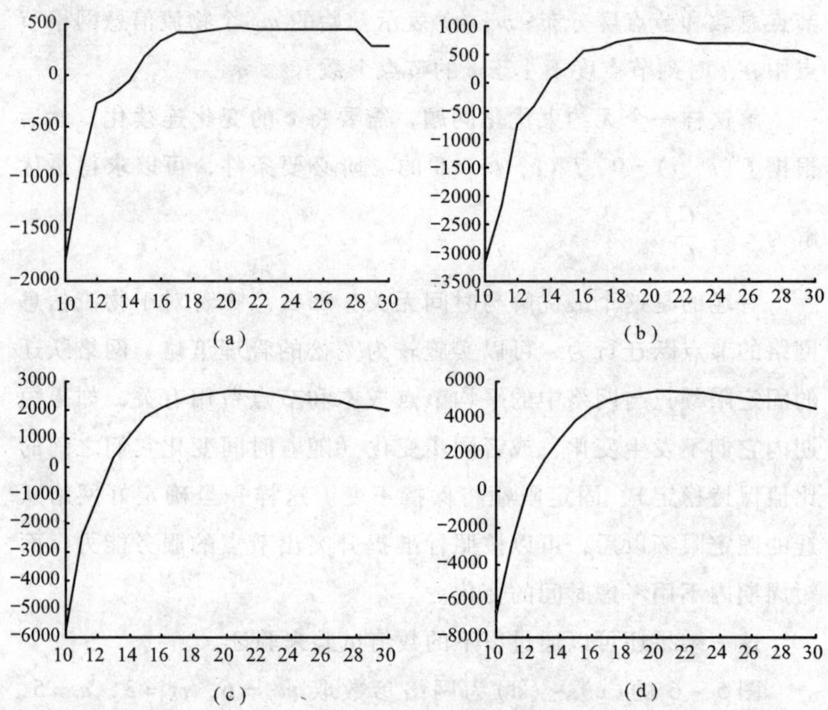

图 5－6　物流信息网络效益函数曲线

第四节　物流信息网络运作管理网络控制策略

物流信息网络运作管理的研究，不能仅停留在概念、功能、原则、方法等方面，还需要深入到物流网络的市场环境中揭示其中的规律。本书以适应网格环境的物流信息网络运作管理理论与方法研究为基础，研究物流信息网络运作管理实施中的管理策略问题，包括网络节点控制机制、信息激励机制等，来说明在网格环境下应该怎样合理选择物流信息网络管理策略。

一　复杂网络的网络控制机制

自从1999年R. Albert和A-L. Barabási开创性地发表了有关Scale-Free网络的论文[16]，复杂网络理论引起了人们对于网络复杂性研究的热潮。随后的研究表明，不同生长网络节点的度分布满足幂律形式，例如World Wide Web、社会关系网络、科学论文引用网络等大量的实际网络以及社会经济网络可以被认为是Scale-Free网络[17]。

最近Barabási和Albert（BA模型[18]）已经证明了网络中的一个节点与k个节点相连的概率$P(k)$按照幂律递减，即$P(k) \sim k^{-\lambda}$，并且通过Mean-Field方法计算出$\lambda = 3$，这一性质很好地解释了实际网络中的观测结果。进一步的，作为一般网络演化的框架，必须将网络中的加点、加边、重连、去边、去点的五种网络控制问题考虑进去。所谓加点就是t时刻在原图上添加新的顶点，并且加上若干从此顶点出发的边；加边指的是t时刻在原有顶点之间新加若干连接边；去点与去边则是以上过程的逆过程；而先去边后加边合起来就是重连，但是只有当加边和去边发生在同一顶点上的时候才刚好是重连，所以鉴于重连事件的几率有可能远大于去边和加边发生的几率的乘积，所以把重连独立出来。这种包含一般的五种网络演化现象的控制机制模型，将是无向Scale-Free网络模型的最终目标。2000年R. Albert和A-L. Barabási发表了第二个关于Scale-Free网络的机制模型[19]，考虑了加点、加边、重连三种事件，每一时刻这三个操作分别以某一概率（$1-p-q,p,q$）发生，任何一种事件发生都遵循偏好依附规律。用这个框架去看引入顶点年龄历史的模型[20]，可以认为考虑活性与年龄的关系相当于在一定程度上考虑去点或去边的行为。除此之外，很少见到对于多种事件同时发生的网络控制机制模型的研究，而实际生活中的网络中包含有这五种事件却是很常见的。因此，对于更多事件的复杂网络研究是很有必要的。

本书将研究的重点放在物流信息网络这一特殊的社会网络，利用复杂网络的研究成果来探寻物流信息网络的运作管理过程中的控制机制以及产生的拓扑性质变化，并由此推导出网络发展的趋势。

二　模型设计与理论推导

（一）模型设计

模型开始于 m_0 个孤立的节点，每个相等的时间间隔之后整个网络按照一定的几率执行下面四种不同的操作中的一种（见图 5-7、图 5-8）。

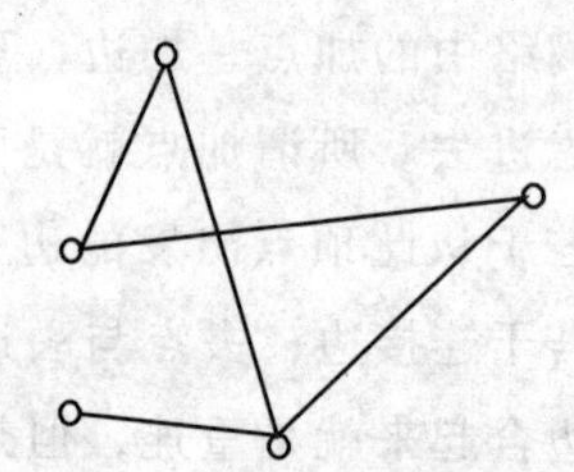

图 5-7　当前时刻的网络状况

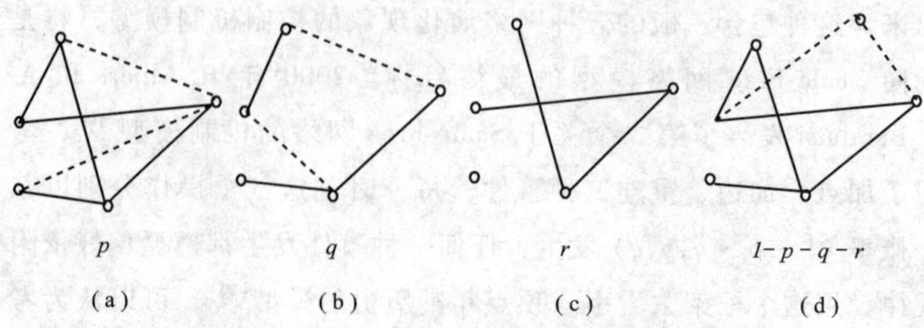

图 5-8　一个时间间隔以后的网络状况

图5－7是网络在当前某一时刻的状态，一个时间间隔后按照相应的概率变成图5－8中（a）、（b）、（c）、（d）的不同状况之一（图中 $m=2$）。具体的操作和细节如下：

1. 以概率 p 向已有网络增加 m（$m \leqslant m_0$）条新边

首先随机选取一个节点作为新增加边的起始点，接下来以偏好依附规律选取新增边的另外一端的节点，即以概率

$$\prod(k_i)=\frac{k_i+1}{\sum_j(k_j+1)} \tag{5-2}$$

选取节点 i 为新增边的另外一端。这个过程重复 m 次，完成新增边操作。

2. 以概率 q 重连 m 条边

首先随机选择一个节点 i 和连接它的边 l_{ij}，然后移除这条边并以一条新边 $l_{ij'}$ 代替（$l_{ij'}$ 表示连接节点 i 和节点 j' 的边）。其中节点 j' 的选择由 $\prod(k'_j)$ 决定，$\prod(\cdot)$ 函数定义由（5－2）给出。这个过程重复 m 次，完成重连边操作。

3. 以概率 r 去掉 m 条边

首先，随机选取一个节点 i 作为删除边的开始节点。然后，在节点 i 所连接的 k_i 条边中以相等的概率删除其中一条。这个过程重复 m 次，完成删除边操作。

4. 以概率（$1-p-q-r$）增加一个新节点

新增加的节点带来 m 条新的连接边，这些新的连接边依照 $\prod(k_i)$ 的概率与已有节点 i 建立连接。

以上的节点行为，可以认为是物流信息节点的自主行为，但它更多的是管理手段导致的结果。例如，在物流信息网络的运作实践中，由于某些节点很好地适应了网络环境，运营效益好，顾客满意。那么，网络管理者可以通过物质奖励、优惠政策以及信

息激励等手段引导它做大做强。自然，这些节点的选择空间将会增大，获取信息资源的渠道将会增多。所以，模型的设计意在模拟物流信息节点在网络运作过程中全局多事件管理，而视角仍然放在物流信息节点企业决策的角度，二者并不矛盾。

对于上面提出的第三种操作是本书新提出的一种信息网络控制手段，也是基于目前中国物流网络的现状提出来的。因为当前物流网络中一些节点企业由于前期的对市场的信息不完全和盲目的选择导致产生了不恰当的业务联系（包括信息联系），随着对市场的了解和自身的成熟，常常会产生诸如变更合同、中断某些业务联系等举措，也就形成了物流信息节点之间连边的减少。这是模型增加这种操作的初衷。

（二）K_t 的变化趋势

用 k_i 表示网络中由于多种事件的影响，对任意节点 i 而言与之相连的连接边的变化情况。假定 k_i 是连续变化的，采用 Mean-Field 方法来推导整个网络的度分布。对于孤立节点设 $k_i = 0$ ，其吸引因子为 $k_i + 1 = 1$ ，这样使得孤立节点在偏好依附规律下也能获得新的连接。

1. 以概率 *p* 增加 *m* 条新边

$$\left(\frac{\partial k_i}{\partial t}\right)_{(i)} = pA\frac{1}{N} + pA\frac{k_i + 1}{\sum_j (k_j + 1)} \tag{5-3}$$

式中，第一项表示随机选择一个节点作为新增边的起始点，第二项表示按照偏好依附式（5-2）选取的另一个端点。在这种情况下每一个时间间隔的 $\Delta k = 2m$ ，所以 $A = m$ 。

2. 以概率 *q* 重连 *m* 条边

$$\left(\frac{\partial k_i}{\partial t}\right)_{(ii)} = -qB\frac{1}{N} + qB\frac{k_i + 1}{\sum_j (k_j + 1)} \tag{5-4}$$

式中，第一项表示随机选择一个节点作为删除边的起始点，第二项表示按照偏好依附式（5－2）选取重新产生边所相连的节点。在这种情况下网络中的边数并不变化。本过程重复操作 m 次，因此令 $B = m$ 。

3. 以概率 r 去掉 m 条边

$$\left(\frac{\partial k_i}{\partial t}\right)_{(iii)} = -rC\frac{1}{N} - rC\frac{k_i + 1}{\sum_j (k_j + 1)} \tag{5-5}$$

式中，第一项表示随机选择一个节点作为删除边的起始点，第二项表示若其他节点（如 j）为随机选择的删除边的起始点，研究节点 i 所拥有的连接边的减少情况。第二项中，首先假定节点 i 与被删除边 l_{ij} 的起始点相连的概率为 $\frac{k_i + 1}{\sum_j (k_j + 1)}$。这样设定是比较合理的。首先，虽然网络中有许多其他的操作，但是所有连接行为主要是按照偏好依附产生的，即偏好依附规律占主导地位。其次，因为与节点 i 相连的边在网络中的相对密度为 $\frac{k_i + 1}{\sum_j (k_j + 1)}$，节点 j 有 $\frac{k_i + 1}{\sum_j (k_j + 1)}$ 的可能与节点 i 相连（等价于节点 i 先进入网络的情况）。

在这种情况下每一个时间间隔的 $\Delta k = -2m$ ，所以 $C = m$ 。

4. 以概率（1－p－q－r）增加一个新节点

$$\left(\frac{\partial k_i}{\partial t}\right)_{(iv)} = (1 - p - q - r)D\frac{k_i + 1}{\sum_j (k_j + 1)} \tag{5-6}$$

按照偏好依附增加一个新节点，同时带来 m 条新边，这样 $D = m$ 。

将上面四种过程综合在一起考虑，得到：

$$\frac{\partial k_i}{\partial t} = (p - q - r)m\frac{1}{N} + (1 - 2r)m\frac{k_i + 1}{\sum_j (k_j + 1)} \tag{5-7}$$

（三）网络度分布的推导

式（5－7）中，网络中节点总数 N 和所有节点度之和 $\sum_j(k_j+1)$ 都与时间有关，其中

$$N = N(t) = m_0 + (1-p-q-r)t$$

$$\sum_j(k_j+1) = (1-q-2r)2mt + (1-p-q-r)t$$

对于足够大的时间 t，可以忽略上式中的 m_0 等常量对整个式子的影响。对于一个在 t_i 时刻加入到网络中的节点 i，$k_i(t_i)=m$。将这作为式（5－7）的初始条件，得到：

$$k_i(t) = [A(p,q,r,m)+m+1]\left(\frac{t}{t_i}\right)^{1/B(p,q,r,m)} - A(p,q,r,m) - 1 \tag{5-8}$$

其中

$$A(p,q,r,m) = (p-q-r)\left[\frac{2m(1-q-2r)}{(1-p-q-r)(1-r)} + \frac{1}{1-2r}\right]$$

$$B(p,q,r,m) = \frac{2m(1-q-2r)+(1-p-q-r)}{(1-2r)m}$$

那么可得到：

$$P[k_i(t)<k] = P[t_i > C(p,q,r,m)t] \tag{5-9}$$

$$C(p,q,r,m) = \left(\frac{m+A(p,q,r,m)+1}{k+A(p,q,r,m)+1}\right)^{B(p,q,r,m)}$$

由于 t_i 必须满足 $0 \leqslant t_i \leqslant t$，限制 $0 < C(p,q,r,m) < 1$ 使式（5－9）成立，这样可以有效地分析 $P(k)$。在这种情况下，模型仍然规定 t_i 的分布密度为 $P_i(t_i) = \dfrac{1}{(m_0+t)}$，那么有：

$$P[k_i(t)<k] = 1 - C(p,q,r,m)\frac{t}{m_0+t}$$

因为 $P(k) = \frac{\partial P[k_i(t) < k]}{\partial k}$，可以得到网络的度分布：

$$P(k) = \frac{t}{m_0 + t} D(p,q,r,m) \times [k + A(p,q,r,m) + 1]^{-1-B(p,q,r,m)} \tag{5-10}$$

其中

$$D(p,q,r,m) = [m + A(p,q,r,m) + 1]^{B(p,q,r,m)} \times B(p,q,r,m)$$

由式（5－10）可见网络的度分布具有幂律分布的形式：

$$P(k) \propto [k + A(p,q,r,m) + 1]^{-V(p,q,r,m)} \tag{5-11}$$

其中

$$V(p,q,r,m) = B(p,q,r,m) + 1$$

根据一般情况，知道物流信息网络中各节点之间的联系应该是呈现增加的趋势，也就是说在一般的物流信息网络中，当时间 t 足够大时，模型中每个时刻的四种可能操作中满足 $p > r$，即产生新边的概率大于删除旧边的概率。

实际上，式（5－10）、式（5－11）成立的前提是限制 $0 < C(p,q,r,m) < 1$。由 $C(p,q,r,m)$ 的表达式，以及 $B(p,q,r,m) = \frac{2m(1-q-2r) + (1-p-q-r)}{(1-2r)m}$，$p > r$，$k > m$ 等条件，可以推导出要使 $0 < C(p,q,r,m) < 1$ 成立，只需 $A(p,q,r,m) + m + 1 > 0$。如果固定 p 和 m，且 $p > r$，经推算只要满足

$$q + r < \min\{1-p, (1-p+m)/(1+2m)\} \tag{5-12}$$

就能达到要求，即使得 $0 < C(p,q,r,m) < 1$ 成立。以上的条件对于一个具有生长趋势的网络而言是较容易满足的。当然，如果 $p > 0.5$，那么单纯的加边将占统治地位，整个网络将趋于一个

完全图[21]。

（四）网络的度分布的特征

根据式（5－11），现在来分析物流信息网络的度分布的指数的特征。首先，$k > A(p,q,r,m)+1$，所以可以认为 $P(k) \propto k^{-V(p,q,r,m)}$。推导发现，式（5－12）不仅能满足前提限制 $0 < C(p,q,r,m) < 1$，而且还使得节点度的幂律分布指数 $V(p,q,r,m) \in (2,+\infty)$。这种情况恰恰可以解释许多实际网络中的指数在2～3之间变化的现实，而并不是固定在 BA 模型得到的 $\lambda = 3$ 上。也就是说一般社会网络的管理机制在无意中就符合了式（5－12）的关系。

如果让 $t \to \infty$，由式（5－10）可知：

$$P(k) \sim D(p,q,r,m)k^{-V(p,q,r,m)}$$

非常明显这是一个典型的幂率分布形式。

三　数值模拟与分析

为了更好地理解理论推导的结果，首先选择不同参数组合可以得到度分布的不同理论分布曲线。

图 5－9 为 $p=0.2$，$q=r=0.1$ 情况下不同的出边数 m 引起的度分布变化曲线图。由图中可见，度分布服从规则的幂律分布（图中所示的 $\log P(k)$ 与 $\log k$ 之间呈线性关系），而且度分布的指数随着 m 的增大而增大，幂律分布指数介于 -2 与 -3 之间。

图 5－10 是在 $m=3$，$p=0.2$，$q=0.1$ 固定的前提下 r 的变化引起的曲线变化。首先，r 越小所提出的模型越接近 BA 模型（$\lambda=-3$）的情况。其次，当 $r=0$，则易于满足限制条件（5－12）。图 5－11 是在 $r=0$ 的情况下不同 m 的图形变化，很容易发现此时随着 m 的增大，节点拥有较多连接边的概率下降速度明显增大。这是因为当 $r=0$ 时，单纯减少连接边的情况将不会

发生，这保证了不会出现拥有较少边的节点数量突然增多，概率分布严格地依赖于 m 。

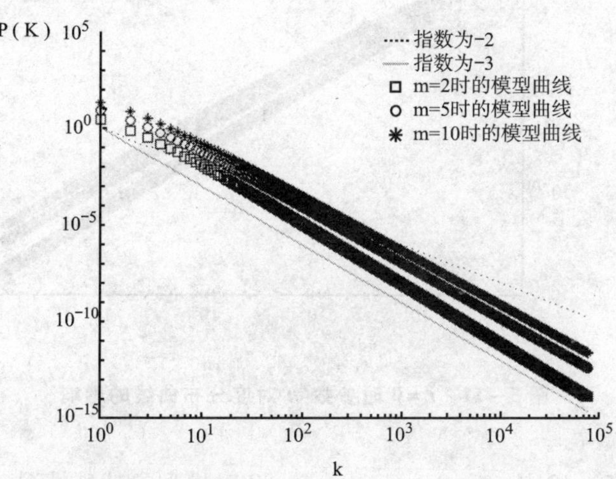

图 5-9　参数 m 对度分布曲线的影响

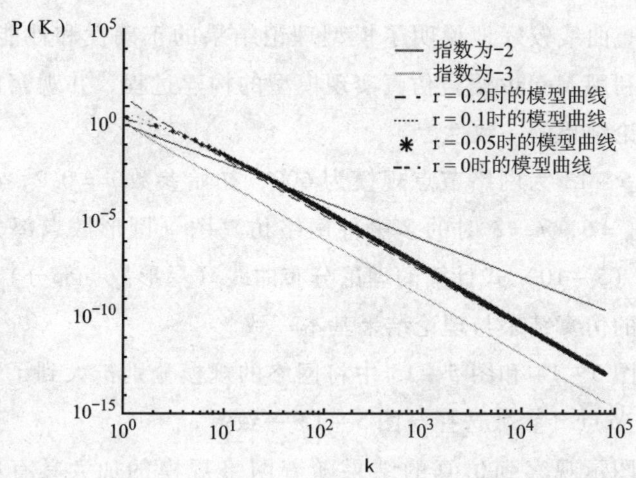

图 5-10　参数 r 对度分布曲线的影响

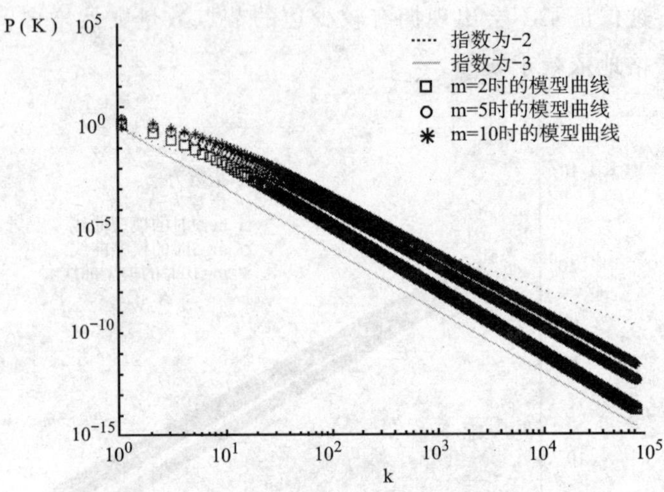

图 5－11　$r=0$ 时参数 m 对度分布曲线的影响

图 5－12 是 $p=0$，$q=0$，$r=0$ 时模型的特殊情况。随着 m 取值的增大，模型与 BA 模型的结果非常接近，并且斜率基本一致。所以可以将 BA 模型看成本书所提出模型的一种特殊情况。

分布曲线较好地说明了模型理论结果的正确性和性能优势，下面将利用 Matlab 语言仿真实现模型的构建过程，并观察仿真结果与理论结果的一致性。

图 5－13 为网络节点规模为 600，初始参数 $p=0.2$，$q=r=0.1$，$m_0=6$，$m=3$ 时的多事件网络仿真图（圆形散点部分）以及根据（5－10）式计算的理论分布曲线（星形散点部分），应该说这里的仿真结果与理论结果基本一致。

在图 5－14 和图 5－15 中将网络的规模分别扩大到了 800 和 1000 个节点（参数选择与图 5－13 一致）。

从图示观察到仿真的结果随着网络规模的加大具有更加接近理论结果的趋势，这体现了网络呈现明显的 Scale-Free 宏观特性，仿真散点图整体趋势也是介于 －2 ~ －3 幂律分布指数之间。

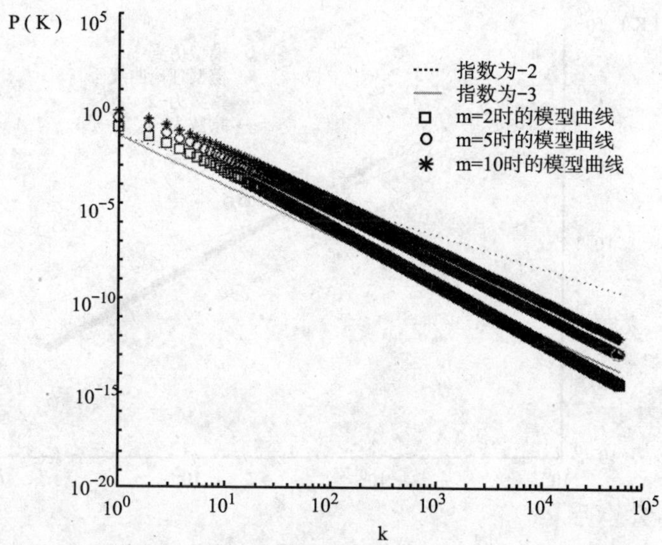

图 5-12　$p=q=r=0$ 时参数 m 对度分布曲线的影响

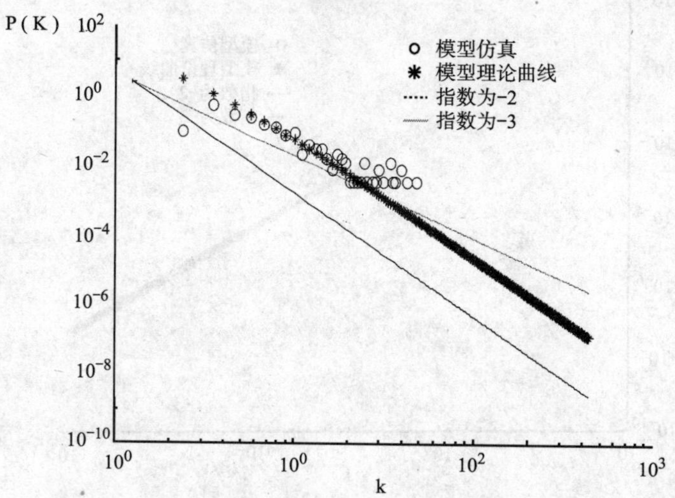

图 5-13　多事件控制机制理论曲线与仿真试验对比（N=600）

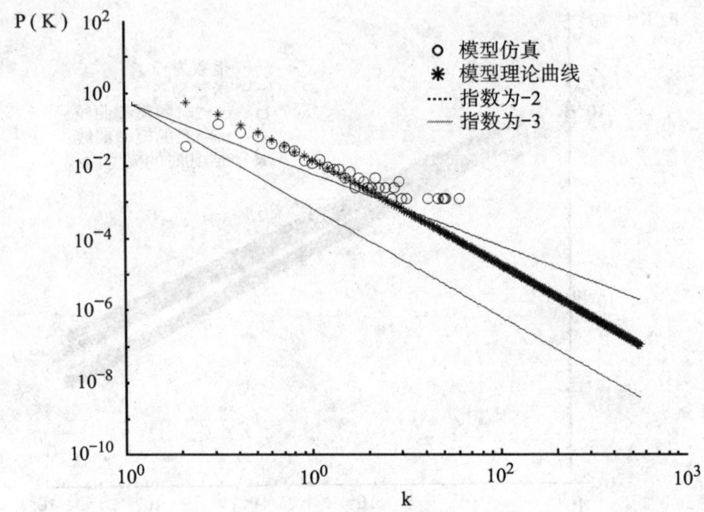

图 5－14　多事件控制机制理论曲线与仿真试验对比（N＝800）

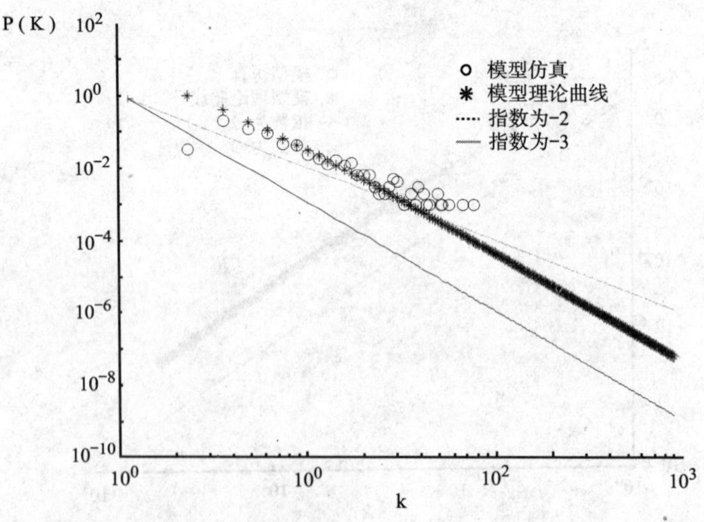

图 5－15　多事件控制机制理论曲线与仿真试验对比（N＝1000）

而且在低度的分布概率附近还出现了一个拐点，笔者认为在 k 较小时，$k > m$ 和 $0 < C(p,q,r,m) < 1$ 不一定满足，所以出现了上述变化，这是应该进一步研究的地方。本章的程序实现部分参见附录二。

通过以上试验可以知道，引入新的“去边”控制策略丰富了物流信息网络的管理手段，使模型进一步反映现实。同时，物流信息网络运作控制策略中只要合理选取参数，网络仍将表现出幂律分布的 Scale-Free 特性，有利于人们更好地掌握全局网络特征，发挥 Scale-Free 网络能确保网络安全的鲁棒性和强化网络联系的小世界性质。这些将对于现实物流信息网络的建设、网络规模控制、网络效应评价等具有较强的理论指导作用和实际意义。

第五节　物流信息网络运作管理信息激励策略

一　激励机制与物流信息网络运作管理

（一）激励机制概述

在经济发展的历程中，劳动分工与市场交易的出现带来了激励问题。首先，劳动分工导致了代理制的出现。在亚当·斯密关于雇用工资确定的研究中，已经开始意识到契约关系的本质，他认为“普通劳动工资的确定取决于双方经常性的契约，而双方的利益并不相同，工人希望得到的更多，而雇主则希望给付越少越好”[22]，而且他们之间谈判的权力并不是平等的，通常雇主拥有所有的谈判权力。用现代激励理论的术语来说，雇主是委托人，雇工则是代理人。

激励问题也是组织理论中的一个重要课题。将企业视为一个

“黑箱”则使人们无法进一步深入了解企业的所有者是如何将不同成员包括工人、经理、监理等按利润最大化的要求成功组合在一起的。当经济学家试图进一步深入了解企业时，激励问题的研究就成为打开这一“黑箱”的有力工具。出于不同的原因比如分工的需要，企业所有者将不得不把若干性质不同的任务分配给企业的成员，这就导致了企业内部管理信息的流动问题。借助冯·诺伊曼和摩根斯坦（Von Neumann & Morgenstern）对博弈论与经济行为的研究[23]，以及马尔沙克和拉德纳（Marschak & Radner）在团队理论上的贡献[24]，企业中信息分散的本质逐渐被揭示出来。信息的分散化直接导致了委托人相对于代理人信息的不完备性。当委托人将某项任务授权给具有和自己不同目标函数的代理人的时候就会带来许多问题，而这就形成了激励问题的起因。

激励理论的研究已经历经了 30 多年的发展，所取得的丰硕成果被广泛地运用于其他社会经济现象的思考和分析中。激励理论可以归纳为下列四个主要部分：关于激发或驱动行为的激励理论、关于引导行为方向的激励理论、关于维持行为的激励理论和关于委托代理的激励理论[25]。

对于物流信息网络运作管理的研究所关注是委托—代理理论，即委托人设计并提供一个代理人能够接受的契约。这一契约能够使代理人在追求自身效用最大化的同时，实现委托人的效用最大化。委托人在设计上述契约时的困难在于：一是委托人在签约前与代理人之间的信息是不对称的；二是契约是不完备的；三是因为外部环境的不确定性使委托人不能完全依据企业的利润向代理人支付报酬。代理人会利用自己的信息优势，降低工作努力程度，从而也就损害了委托人的利益。委托—代理理论在解决以上困难方面相应地提出了有效的机制。对于短期合同，可以采用“显性激励机制”（Explicit Incentive Mechanism）。霍姆斯特姆[26]等人证明，如果委托人不能观测代理人的行为，为了诱使代理人按照委托人的意愿选择行动，委托人必须根据客观观测的行动结果来奖惩代理人。对于长期合同，除了一般的显性激励机制外，“时间”本身可能会解决代理问题，进一步，拉德纳（Radner）[27]等使用重复博弈模型证明，如果委托人和代理人之间保持长久的关系，双方都有足够的耐心（贴现因子足够大），那么帕累托一阶最优风险分担和激励是可以实现的。这就是所谓的“隐性激励机制”（Implicit Incentive Mechanism）。

（二）委托—代理模型基本分析框架

委托—代理理论是设计激励机制的有效工具，该理论试图模型化如下问题：一个参与者（委托人）想使另一个参与者（代理人）按照自己的利益选择行动，但委托人不能直接观测到代理人选择了什么行动，但能观测到一些相关变量，这些变量由代理人的行动和其他外生随机因素共同决定，因而委托人只能获得代理人行动的不完全信息。建立的模型就是要求根据这些观测到的信息来奖惩代理人，以激励其选择对委托人最有利的行动。

下面将介绍由莫里斯（Mirrlees）和霍姆斯特姆（Holmstrom）[28][29]首先提出并使用的“分布函数参数化方法”（Parameterized Distribution Formulation）。

这里用 A 表示代理人所有可选择的行动的集合，$a(a \in A)$ 表示代理人的一个特定行动。令 θ 为“自然状态”，它是不受委托人和代理人双方控制的外生不确定因素。$\theta \in \Theta$，Θ 是 θ 的取值范围，且 θ 在 Θ 上的分布函数和密度函数（离散情况则对应为概率分布）分别为 $G(\theta)$、$g(\theta)$。在代理人选择行动 a 后，外生变量 θ 实现。由此共同决定了一个可观测的结果 $x(a,\theta)$ 和一个货币产出 $\pi(a, \theta)$，其中 $\pi(a, \theta)$ 直接归属于委托人。委托人的问题则是设计一个激励合同 $s(x)$，即根据观测到的 $x(a, \theta)$ 对代理人进行奖惩。委托人和代理人的 v-N-M 期望效用函数分别为 $v(\pi - s(x))$ 和 $u(s(x)) - c(a)$，其中 $c(a)$ 为努力成本，且 $v' >$

0，$v''\leqslant 0$；$u'>0$，$u''\leqslant 0$；$c'>0$，$c''>0$。

假定分布函数 $G(\theta)$、观测结果 $x(a,\theta)$、产出 $\pi(a,\theta)$ 以及效用函数 $v(\pi-s(x))$、$u(s(x))-c(a)$ 都是共同知识，就是说，委托人和代理人在有关这些技术关系上的认识是一致的。

采用“分布函数参数化方法”，将上述自然状态 θ 的分布函数转换为结果 x 和 π 的分布函数。给定 θ 的分布函数 $G(\theta)$，对应每一个 a，存在一个 x 和 π 的分布函数。这个新的分布函数通过技术关系 $x(a,\theta)$ 和 $\pi(a,\theta)$ 从原分布函数 $G(\theta)$ 导出。用 $F(x,\pi,a)$ 和 $f(x,\pi,a)$ 分别表示所导出的分布函数和对应的密度函数。那么，委托人的激励机制模型可以表示如下：

$$\max_{a,s(x)}\int v(\pi-s(x))f(x,\pi,a)\,dx$$

$$s.t.\quad (IR)\quad \int u(s(x))f(x,\pi,a)\,dx-c(a)\geqslant \bar{u}$$

$$(IC)\quad \int u(s(x))f(x,\pi,a)\,dx-c(a)$$

$$\geqslant \int u(s(x))f(x,\pi,a')\,dx-c(a')\qquad \forall a'\in A$$

由上式可以看到，委托人为获得最优的期望效用必须满足来自代理人的两个约束条件。第一个约束是参与约束（Participation Constraint），即代理人从接受合同中得到的期望效用不能小于不接受合同时能达到的最大期望效用。代理人“不接受合同时能达到的最大期望效用”由他面临的其他市场机会决定，可以成为保留效用，用 $\bar{u}$ 表示。参与约束又可以称为个人理性约束（Individual Rationality Constraint，IR）。第二个约束是代理人的激励相容约束（Incentive Compatibility Constraint，IC）：给定委托人不能观测到代理人的行动和自然状态，在任何的激励合同下，代理人总是选择使自己的期望效用最大化的那一行动。因此，如果 a 为委托人希望的行动，而 a'（$a'\in A$）是代理人可选择的任意行动，那么，只有当代理人从选择 a 中得到的期望效用大于从选择 a' 中得到的期望效用时，代理人才会选择 a。

（三）信息激励在物流信息网络运作管理中的作用

众所周知，信息是有成本的，信息的需求方都必须要为信息的提供支付一定的费用，或者说，信息发生是必须有激励的。激励的手段包括为促进新信息产生而给予信息提供者更多辅助信息，这体现了信息的隐含价值。因此这里定义的信息激励就是指：通过给予激励对象有关周围环境及组织内部的各种信息，从而增强各参与主体与管理者密切配合、共享信息的积极性的一种双向管理手段，表现为新思想、新经验、新技术、经验成就、优良传统对参与主体行为的影响和促进。可见，信息激励是一种间接的激励模式。

从本质上讲，管理过程是一个基于信息的决策过程。在信息时代里，信息对企业意味着生存，企业获得更多的信息意味着企业将拥有更多胜出的机会、更多的可用资源，从而获得进一步的激励。一条有价值的信息不仅会激动人心，而且还将带来各种机遇，从而转化为强大的推动力量，它在现代社会的管理实践中的作用值得人们很好地重视。信息价值的显现将使得企业在新信息不断产生的同时，始终保持对于了解新信息、掌握新知识的渴望。

物流管理领域中，虽然物流信息网络的不断建设以及物流信息环境前所未有的改善，但是由于涉及商业机密的内部信息如核心优势、资金现状、人事变动、生产技术和财务状况等的时候，各信息提供者之间不得不架设起自己的“防火墙”，致使信息资源开放程度大打折扣。虽然，从理论上讲凭借网格、网络集成等手段可以实现网络主体间的信息完全对称，但是由于企业组织的存在，组织边界下的趋利性将使信息不对称不可避免。所以，企业参与的市场环境中信息对称是相对的，不对称是绝对的。而激励机制的作用则通过监督、惩戒和鼓励等手段解决信息不对称带来的风险，谋求各方利益的平衡。

信息激励的实施，一方面需要物流信息网络管理者提供给激励对象部分全局信息的共享权力和面向该对象的信息服务开放，另一方面，增强双方的信息交流也使物流信息网络参与者的隐藏行为（Hidden Action）和隐藏信息（Hidden Information）的难度加大。在某种程度上，信息激励克服了由于信息不对称而使得物流相关企业互相猜忌带来的风险，提高了物流信息网络的整体效率。

二　委托—代理理论在物流管理中的研究综述

物流信息网络的管理包括各级管理主体对公用资源（如网络基础设施）、信息资源节点以及信息终端用户等行使的计划、组织、指挥、协调和控制等各项管理职能。其目的是使物流网络信息及时、准确地流转，从而有效指导物流网络的运行，提高物流网络的通过能力和透明程度。激励机制的引入对于物流信息网络的管理而言就好像为一部机器加入了“润滑油”。

激励是一种有效的管理手段，实践证明无论是物质激励还是精神激励在企业管理过程中都起到了积极的推动作用。现实的网络管理中除了硬性的计划、制度、命令之外，激励手段往往能起到意想不到的好效果。通过设计合适的激励机制将有效地平衡物流信息网络运作过程中个体与全局利益的不同。

物流领域基于委托—代理模型[30][31]的激励问题研究是伴随着物流管理向供应链管理发展的过程逐步开展的。

针对企业物流业务外包给第三方物流企业的兴起，Wei Shi Lim 研究了信息不对称下第三方物流企业的服务质量和成本皆为私人信息时的最优合同设计问题[32]；刘志学、许泽勇研究了第三方物流企业的运作能力与努力水平均为非对称信息的基础上第三方物流服务需求方与提供商之间的合作博弈问题[33]。最近，供应链管理的研究成为新的热点，供应链合作伙伴之间的激励问题也日益受到学者们的关注。特别是，当人们发现缺乏信息共享的供应链将导致“牛鞭效应[34]”产生的时候，对于信息共享的激励在供应链管理中的研究越来越受到重视[35]。王勇、罗富碧等讨论了第四方物流作为委托人时其努力水平对物流分包激励机制的影响[36]。马新安、张列平等以一个两阶段的多任务委托—代理模型来研究供应链中的核心企业对其供应商进行供应活动和信息共享活动的最优激励问题，并解释了供应链中合作伙伴关系的持续改善过程[37]。由于多任务委托—代理模型[38]相对于一般单任务模型适用范围更广，在物流及供应链管理领域激励问题的研究中有较好的应用前景。Hsiao Jui-Min、Shieh Chich-Jen 等应用动态多任务委托—代理模型对通过信息共享提高供应链竞争力的问题进行了探索[39]。本书希望在这些现有研究的基础上，通过引入直接的信息激励因素来分析物流信息网络运作管理中的激励机制。

三　信息激励因素影响的物流信息网络多任务激励机制设计

根据 Holmstrom 和 Milgrom 的多任务 Principal-Agent 模型的框架，本章提出了一种信息激励因素影响的多任务 Principal-Agent 模型来分析物流信息网络中的激励问题。

（一）基本假设

1. 物流信息网络中有多个管理者，负责网络维护和对网络参与者的服务和管理

这里定义这些物流信息网络管理者为物流管理代理（LMA），假设每个物流管理代理固定地管理着 n 个物流信息提供者，动态地向需要物流服务的客户提供服务。各类网络参与者将不加区分地与 LMA 单独博弈，而且相互独立地完成网络管理者分配的工

作。LMA 不能观测到各参与者的努力水平但能知道与之有关的产出函数。这里，将物流网络管理代理（LMA）作为委托人，各物流信息提供者作为代理人。

2. 委托人是风险中性的，代理人是风险规避的

特别的，代理人具有不变绝对风险规避的效用函数。代理人努力水平的选择是一次性的。

（二）应用假设

1. 代理人 i 的每一项工作都分为两项任务

为了研究的方便，假定代理人 i 每完成一项工作必须将它的全部努力分成两项任务 A 和 B，其中 A 代表在直接提供的物流信息服务数量和质量上的努力，B 代表在网络信息共享和与其他代理人协同工作方面的努力，且 A 上的努力水平为 $a_i^{(1)}$，B 上的努力水平为 $a_i^{(2)}$，记 $a_i = (a_i^{(1)}, a_i^{(2)})$，产出函数 $\pi_i = a_i + \varepsilon$，其中 $\varepsilon \sim N(0, \sum)$ 代表外生不确定因素，其中

$$\sum = \begin{pmatrix} \delta_{11}^2 & r\delta_{12} \\ r\delta_{12} & r^2\delta_{22}^2 \end{pmatrix}$$

这里 $r(0 \leqslant r \leqslant 1)$ 为信息激励因子，代表 LMA 对于愿意信息共享、协同工作的参与者的信息激励。由以上方差矩阵的形式可知，信息激励因子越小，信息激励强度越高。由于信息激励将增强代理人与委托人之间的信息沟通，降低信息不对称性，LMA 将可以获得更多有关代理人行动的信息。这是信息激励机制的第一个作用，也是最重要的作用。

2. 代理人 i 两项任务的完成是独立的

为了模型结论的简化，代理人 i 两项任务的完成是独立的，即一项任务努力程度的提高不会引起另一项任务边际成本的变化。努力的成本设为 $C(a_i, r)$，$\frac{dC}{dr} < 0, \frac{d^2C}{dr^2} > 0$，这里令 $C(a_i, r) =$

$\frac{1}{2}(a_i^{(1)})^2+\frac{1}{1+r}(a_i^{(2)})^2$，B任务的成本受到信息激励因子$r$的影响，体现了信息激励机制对于帮助网络参与者完成信息共享和协同工作的作用。这是信息激励的第二个功能。

3. 委托人需要制定激励合同，即委托人根据每个代理人的努力程度确定工资函数$s_i(\pi_i)$

这里规定代理人i的工资函数$s_i(\pi_i)=\alpha_i+\beta_i^T\pi_i$，其中$\alpha_i$为委托人对代理人网络参与者$i$的固定支付，$\beta_i$为激励系数，表示代理人分享的产出份额，即产出$\pi_i$每增加一单位，代理人的报酬增加$\beta_i$单位。作为委托人的LMA因为实施信息激励需要提供给代理人信息咨询、信息资源一对一开放以及定制的信息管理等服务，因此还需要承担信息激励成本$W(r)$，一般的$\frac{dW}{dr}<0$，$\frac{d^2W}{dr^2}>0$。这里体现了信息激励导致的第三个结果——增加LMA的管理投入。可见信息激励不仅促进了参与各方信息的沟通，也增加了各方的激励成本。

（三）模型提出

由于代理效用函数具有不变绝对风险规避的特征，对其期望效用的最大化等价于对确定性等价收入的最大化。所以首先来求代理人i的确定性等价收入（Certainty Equivalence）。容易求得：

$$CE_i=\alpha_i+\beta_i^Ta_i-\frac{1}{2}\rho_i\beta_i\sum\beta_i^T-C(a_i,r)$$

这里（$\alpha_i+\beta_i^Ta_i$）为期望工资，ρ_i为绝对风险规避度量，$\frac{1}{2}\rho\beta_i\sum\beta_i^T$为风险成本。容易证明，在最优情况下代理人的参与约束必须为紧约束，利用这一结论可以通过简单的代换得到总的确定性等价利润：

$$TCE = \sum_{i=1}^{n} B_i(a_i, r) - W(r) - \sum_{i=1}^{n} \left[\frac{1}{2}\rho_i\beta_i \sum \beta_i^T + C(a_i, r) \right]$$

这里 $B_i(a_i, r) = \mathrm{Exp}(\pi_i^{(1)} + \pi_i^{(2)}) = a_i^{(1)} + a_i^{(2)}$ 为委托人的期望收益。

在物流信息网络的委托—代理关系中，由于网络服务者不能观测到网络参与者的努力水平，网络参与者将有可能利用自己的信息优势选择较低的努力水平而骗取较高的收益，为避免这种可能参与者还需要满足激励相容约束（IC）。

综上，可以建立如下的多任务的委托—代理模型：

$$\max_{a,\beta,r} \sum_{i=1}^{n} B_i(a_i, r) - W(r) - \sum_{i=1}^{n} [\frac{1}{2}\rho_i\beta_i \sum \beta_i^T + C(a_i, r)] \quad (5-13)$$

$$s.t.\ (IC)(a_i^{(1)}, a_i^{(2)}) \in \arg\max\{\beta_i^T a_i - C(a_i, r)\} \quad (i = 1,2,\cdots,n) \quad (5-14)$$

在式（5－14）中：

$$a = (a_1, a_2, \cdots, a_n), \quad \beta = (\beta_1, \beta_2, \cdots, \beta_n)$$

那么，由式（5－14）可得：

$$\beta_i^{(1)} = \frac{\partial C}{\partial a_i^{(1)}} = a_i^{(1)} \quad (5-15)$$

$$\beta_i^{(2)} = \frac{\partial C}{\partial a_i^{(2)}} = \frac{2}{1+r}a_i^{(2)} \quad (5-16)$$

不妨设 $W(r) = \frac{b}{r}$，b 为实施信息激励的困难程度（b 越大，信息激励越困难），由式（5－15）、式（5－16）将 a_i 带入式（5－13），可以得到式（5－13）成立的一阶必要条件：

$$\frac{\partial TCE}{\partial \beta_i^{(1)}} = 1 - \rho_i(\delta_{11}^2\beta_i^{(1)} + r\delta_{12}\beta_i^{(2)}) - \beta_i^{(1)} = 0 \quad (i = 1,2,\cdots,n) \quad (5-17)$$

$$\frac{\partial TCE}{\partial \beta_i^{(2)}} = \frac{1+r}{2} - \rho_i(r^2\delta_{22}^2\beta_i^{(2)} + r\delta_{12}\beta_i^{(1)}) - \frac{1+r}{2}\beta_i^{(2)} = 0 \quad (i = 1,2,\cdots,n) \tag{5-18}$$

$$\frac{\partial TCE}{\partial r} = \frac{1}{4}\sum_{i=1}^{n}\beta_i^{(2)} - \delta_{12}\sum_{i=1}^{n}\rho_i\beta_i^{(1)}\beta_i^{(2)} - r\delta_{22}^2\sum_{i=1}^{n}\rho_i\beta_i^{(2)} + \frac{b}{r^2} = 0 \tag{5-19}$$

由式（5－17）、式（5－18）可以得到 β_i^* 的表达式：

$$\beta_i^{(1)} = \frac{2\rho_i\delta_{22}^2 r^2 - (1+r)(\rho_i\delta_{12}r - 1)}{(1+\rho_i\delta_{11}^2)(2\rho_i\delta_{22}^2 r^2 + 1 + r) - 2\rho_i^2\delta_{12}^2 r^2} \tag{5-20}$$

$$\beta_i^{(2)} = \frac{(1+r)(1+\rho_i\delta_{11}^2) - 2\rho_i\delta_{12}r}{(1+\rho_i\delta_{11}^2)(2\rho_i\delta_{22}^2 r^2 + 1 + r) - 2\rho_i^2\delta_{12}^2 r^2} \tag{5-21}$$

由式（5－19），通过三次方程求根可以写出 r 的表达式，但是由于结构复杂这里暂时略去，在下一节中将进一步分析。

四　基于模型的网络激励机制分析

下面对以上激励机制的模型结果进行四个方面的分析。

（一）激励系数 β_i 的分析

由分析的结果可知，虽然两项任务的完成是独立的，但是由于信息激励因子的作用，委托人在激励机制制定的时候必须考虑不同任务间信息的渗透（$\delta_{12} \neq 0$），这样导致了两个激励系数与任务特征之间有着复杂的相互关联。

由 Cauchy-Schwarz 不等式，可知 $\delta_{11}^2\delta_{22}^2 \geqslant \delta_{12}^2$，又由式（5－21），只要规定满足 $1+\rho_i\delta_{11}^2 \geqslant \rho_i\delta_{12}$ 的初始条件，容易推证 $\frac{\partial \beta_i^{(2)}}{\partial r} \leqslant 0$，即信息激励因子越小（信息激励越强），代理人在 B 任务上获得的分成将越多。可以这样解释：当物流信息网络的管理者（LMA）与进行信息共享、协同工作的网络参与者进行紧密的信息联系之后，不仅可以降低双方之间信息不对称程度，增强 LMA

对网络参与者的监管，还将直接转换为 LMA 对网络参与者在信息共享、协同工作方面努力的正向激励。

特别的，当两项任务的外界影响因素彼此独立的时候（即 $\delta_{12}=0$），激励系数为：

$$\beta_i^{(1)} = \frac{1}{1+\rho_i\delta_{11}^2} \tag{5-22}$$

$$\beta_i^{(2)} = \frac{1+r}{2\rho_i\delta_{22}^2 r^2 + 1 + r} \tag{5-23}$$

在这种情况下，由于两项任务的完成是独立的，代理人在给定工作上的最优努力独立于在其他工作上的最优努力，故最优激励系数也是相互独立的。由式（5-22）、式（5-23），本模型也有和一般 Principal-Agent 模型同样的结论，β_i 是绝对风险规避度量和方差的递减函数，但是 $\beta_i^{(1)}$ 与信息激励因子 r 无关，相反 $\beta_i^{(2)}$ 仍受到其影响，且

$$\frac{\partial\beta_i^{(2)}}{\partial r} = \frac{-2\rho_i\delta_{22}^2(r+2)r}{(2\rho_i\delta_{22}^2 r^2+1+r)^2} \leqslant 0$$

注意到，当 $r=1$，即不存在信息激励的时候，本模型又回到了普通多任务 Principal-Agent 模型的形式：

$$\beta_i^{(j)} = \frac{1}{1+\rho_i\delta_{jj}^2} \quad (j=1,2)$$

可见 Holmstrom 和 Milgrom 的模型是本模型的特例，在引入信息激励因子方面本模型增大了原有模型的适用范围。

（二）代理人努力水平（$a_i^{(1)}$，$a_i^{(2)}$）的分析

由式（5-15）、式（5-16）可知，代理人在 A 任务上的努力水平等同于委托人的激励系数。$\frac{\partial a_i^{(1)}}{\partial r}$ 的大小由式

$$(1+\rho_i\delta_{11}^2)[2\rho_i\delta_{22}^2 r^2-(r+1)^2]-2\rho_i\delta_{12}r[2+(1-\rho_i\delta_{12})r]$$

决定。此表达式的符号难于确定，说明了代理人对于委托人信息激励在 A 任务上的促进作用由于受到各种因素的共同作用而变得不明显。这种不确定性也可以从图 5-16 中得到较好体现。图中说明了当 $\delta_{22}^2 = 5$，$\delta_{11}^2 = 0.3$，$\delta_{12} = 0.675$，$\rho = 0.8$ 时，不同最优信息激励水平下 $\frac{\partial a_i^{(1)}}{\partial r}$ 的符号变化。当 r 接近 1 时，$\frac{\partial a_i^{(1)}}{\partial r}$ 为正，当 r 远离 1 时，$\frac{\partial a_i^{(1)}}{\partial r}$ 为负。可见代理人在 A 任务上的努力随着信息激励水平的不同而成不规则变化，变化规律不仅依赖于信息激励水平的高低，还依赖系统的初始状态参数。

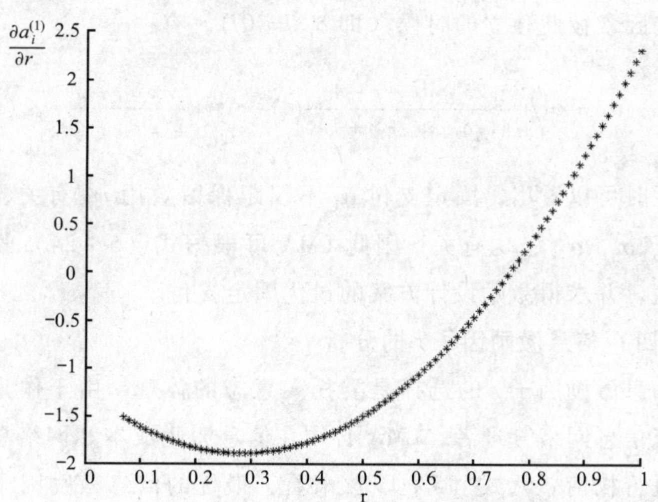

图 5-16 不同最优信息激励水平下得到的 $\frac{\partial a_i^{(1)}}{\partial r}$

对于 $\frac{\partial a_i^{(2)}}{\partial r}$，当初始条件满足 $1 + \rho_i \delta_{11}^2 \geqslant \rho_i \delta_{12}$ 的情况下，容易证明 $\frac{\partial a_i^{(2)}}{\partial r} \leqslant 0$。这意味着，两项任务之间协方差控制在一定范围内时，代理人将随着信息激励的加强而增加在第二项任务上的努

力。这一结果也是人们希望看到的。在物流信息网络中，LMA 通过信息激励机制的策略实施，将可以调整物流信息网络参与者在信息资源共享、协同工作上的投入，实现资源优化配置。

（三）固定支付 $\boldsymbol{\alpha}_i$ 的分析

由代理人的参与约束为紧约束可以推知：

$$\alpha_i = w_i^0 + \frac{1}{2}\rho_i\beta_i \sum \beta_i^T + C(a_i, r) - \beta_i^T a_i$$

由上式可知网络管理者 LMA 给予网络参与者的固定支付 α_i 与网络参与者的保留效用 w_i^0 正相关。也就是说，网络参与者保留效用越大，LMA 为其设计的固定支付应该越高。当两项任务的外界影响因素彼此独立的时候（即 $\delta_{12} = 0$），有：

$$\alpha_i = w_i^0 + \frac{2\delta_{22}^2\rho_i r^2 - r - 1}{4(2\delta_{22}^2\rho_i r^2 + r + 1)^2}(1 + r)^2 + \frac{\rho_i\delta_{11}^2 - 1}{2(\rho_i\delta_{11}^2 + 1)^2} \quad (5-24)$$

此时可以看出，固定支付 α_i 不仅跟保留效用 w_i^0 有关，而且还与 ρ_i、σ_{11}^2、σ_{22}^2、r 均有关，因此 LMA 可根据式（5－24）收集各参数值，并求得激励设计方案的最优固定支付。

（四）信息激励因子 r 的分析

信息激励因子 r 的选择是委托人意志的体现，由于作为理性的物流信息网络管理者，LMA 必须在信息激励成本和网络总收入之间进行权衡。从式（5－19）来看，最优的信息激励因子代数表达式的求得可以借助三次方程，但其结果的形式将变得异常复杂。

这里为了便于性质分析，令 $\delta_{12} = 0$，且 $\forall i$，$\rho_i = \rho > 0$（即讨论同质的物流信息网络参与者网络的情形）。根据隐函数定理可以求得：

$$\frac{\partial r}{\partial n} = -\frac{[4\rho\delta_{22}^2 r^2 + (4\rho\delta_{22}^2 - 1)r - 1]r^2}{[16\rho\delta_{22}^2 r^2 + 3(4\rho\delta_{22}^2 - 1)r - 2]nr - 16\rho\delta_{22}^2 br - 4b} \quad (5-25)$$

由式（5-25）可知当 $r=-1$ 或者 $r=\frac{1}{4\rho\delta_{22}^{2}}$ 时，$\frac{\partial r}{\partial n}=0$，所以信息激励因子 r 接近这些值时，随着网络规模 n 的增大其变化将趋于稳定。根据本模型假设前提 $0\leqslant r\leqslant 1$，这里要求 $4\rho\delta_{22}^{2}\geqslant 1$ 才能符合实际情况。当 r 从 1 向 $\frac{1}{4\rho\delta_{22}^{2}}$ 接近的过程中，只要保证网络具有适当规模就能够使 $\frac{\partial r}{\partial n}\leqslant 0$。其意义是：当物流信息网络中信息激励水平处于最优状态时，若增大网络规模，即使得信息网络参与者数量增加的时候，增大信息激励程度（减小 r）是 LMA 的最优选择。这些是因为，随着网络规模扩大时，网络信息激励带来的收入仍将大于信息激励的成本，选择较小的信息激励因子可以实现获利，因而 LMA 进行信息激励的积极性提高。对以上讨论也可以结合图 5-17、图 5-18、图 5-19 来说明。

图 5-17、图 5-18、图 5-19 的参数均是选择：$\delta_{12}=0$，且 $\forall i$，$\rho_i=\rho=0.3$，$\delta_{22}^{2}=3.5$，$b=11$，$30\leqslant n\leqslant 5000$，这里

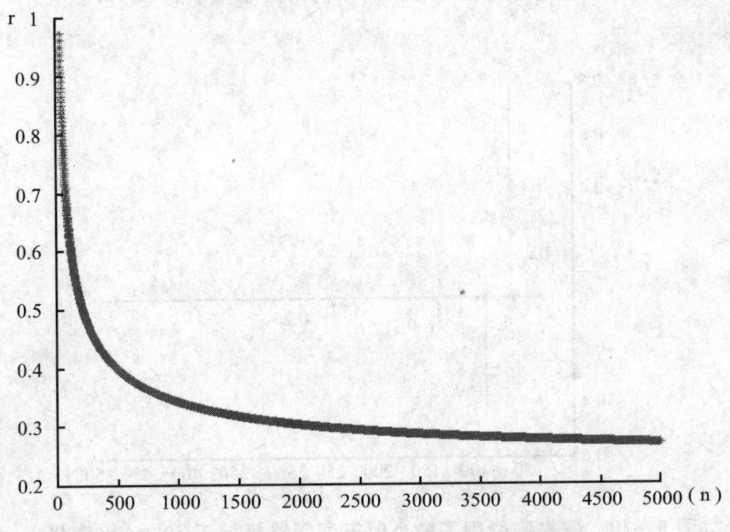

图 5-17 不同网络规模下的最优信息激励因子变化

$1/(4\rho\delta_{22}^2) = 0.2381$。图 5 - 17 的结果是结合式（5 - 19）、式（5 - 21）得到的最优信息激励因子随网络规模变化的过程图，图 5 - 18、图 5 - 19 说明在仅考虑式（5 - 25）的情况下，网络规模与不同信息激励因子对 $\partial r/\partial n$ 变化的影响。

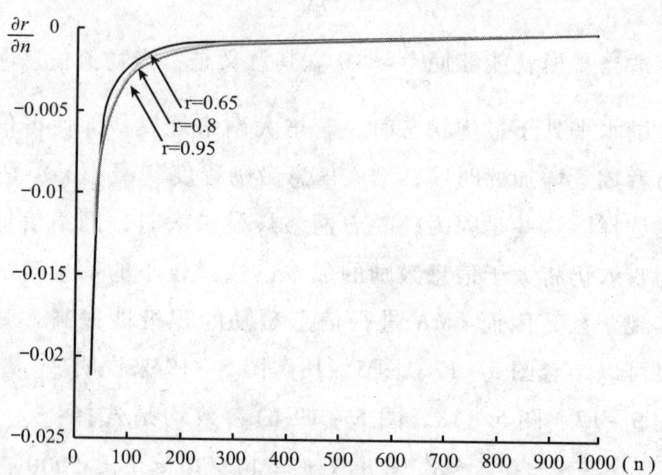

图 5 - 18　信息激励因子较大时不同网络规模下的 $\partial r/\partial n$ 变化

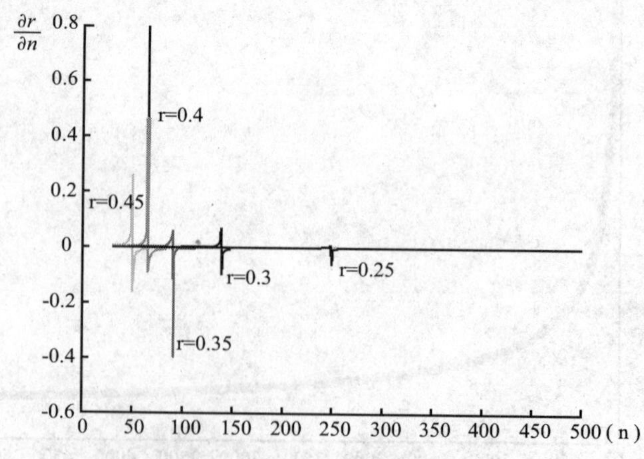

图 5 - 19　信息激励因子较小时不同网络规模下的 $\partial r/\partial n$ 变化

由图 5－17 可知，在信息网络初始阶段，信息激励因子较大，信息激励程度较低，但此时信息激励的增速则随着信息网络参与者数量的增多而急剧增大。图 5－18 则表明在信息激励因子从 1 到接近 $\frac{1}{4\rho\delta_{22}^2}$ 的发展过程中可能会出现波动现象。但是图 5－19与图 5－17 结合进行观察可以发现，图 5－19 中不同信息激励因子下出现的波动点对应的网络规模远远小于最优信息激励因子，因此最优信息激励因子是随着网络规模的增大而一致地变小。

同样的方法可以得到：在一定规模的网络中，当 r 从 1 向 $\frac{1}{4\rho\delta_{22}^2}$ 接近的过程中，必有：

$$\frac{\partial r}{\partial b}\geqslant 0,\ \frac{\partial r}{\partial \rho}\leqslant 0,\ \frac{\partial r}{\partial \delta_{22}^2}\leqslant 0$$

直观来看，LMA 实施信息激励的难度越大，信息激励的边际成本越高，LMA 信息激励的积极性也越低。而代理人的绝对风险规避度量 ρ 以及任务 B 的方差 δ_{22}^2 越大，将使代理人希望通过在任务 B 上的努力达到与 LMA 的有效沟通从而避免风险，使得信息激励获得的全局效益越高，LMA 信息激励的积极性自然也越高。

另外，$1+\rho_i\delta_{11}^2 \geqslant \rho_i\delta_{12}$，$4\rho\delta_{22}^2 \geqslant 1$ 的假设条件是合理的，也较容易满足。因为在现实情况中，LMA 对于物流信息网络中参与者在提高信息共享程度、质量，以及加强协作的努力上往往不能直接观测，拟定的观测指标又容易受到外界因素的影响，所以 δ_{22}^2 相对较大。而物流信息服务数量和质量上的努力相比而言容易观测，二者关联程度一般不高，导致 δ_{12} 不可能太大。

第六节　小结

本章根据网络管理的基本思想，将物流信息网络运作管理的认识上升到一定的理论高度。从网络管理的基本思想和体系结构的研究中，本书总结出网络管理分散和集中思想的辩证统一，以此为基础提出了适应网格环境的物流信息网络运作管理的概念，以及它所包含的基本功能，突出了面向物流信息服务进行网络运作管理的重要性。随后，研究了适应网格环境的物流信息网络运作管理的原则与方法。其中物流信息网络跃迁管理方法是本书对适应网格环境的物流信息网络运作管理研究的一种创新。

适应网格环境的物流信息网络运作中的管理策略研究是相关理论与方法研究的应用过程。本章以物流信息网络运作管理过程中的网络控制策略和信息激励策略设计为代表，将集中与分散相结合的管理架构以及面向服务的管理思想应用到实际的运作管理细节之中，充分贯彻网络全局最优性、网络通透性、网络活动经济性、权利与义务平等性、环境相容性等网络管理原则，有利于物流信息网络运作管理的实践。

本章中提出的适应网格环境的物流信息网络运作管理网络控制策略，不仅能很好控制网络的规模与结构，也便于网络的宏观管理和趋势分析。一方面，将使得物流信息网络在规模不断增长的同时，高“连接率”节点的比例将呈幂律形式快速递减；另一方面也可以使网络中的节点总规模得到一定限制，这里提供的办法是将执行减边的概率 r 增大（相当于加强监督控制和有效的淘汰机制），从而产生更多的孤立节点，这些节点实际上已经退出了网络。另外，本章也探讨了各种可选操作概率的阈值。但是对于物流信息网络在某些不稳定阶段必然存在的节点中途退出的情况（网络中的去点事件）这里没有论述，这也是本书下一步需要研究的问题。

本章还将信息激励问题引入委托—代理模型，设计了一个物流信息网络管理方和参与方共同参加的网络激励机制。设计了物流信息网络管理方和参与方共同参加的网络信息激励策略，该策略从三个方面影响了管理方（LMA）和参与方（物流信息服务代理人）在物流信息网络中的行为，也从微观层面影响了整个物流信息网络运作过程，是对实施可行的网络运作管理的一种探索。通过对模型结果的分析，对于物流信息网络参与者的激励都能给物流信息网络运作带来积极的影响$\left(\text{如} \frac{\partial a_i^{(2)}}{\partial r} \leqslant 0 , \frac{\partial r}{\partial n} \leqslant 0 \text{ 等}\right)$，论证了信息激励在物流信息网络管理中的重大作用。

除此之外，本章在应用过程中根据物流信息网络运作管理的实际情况改进并丰富原有的 R. Albert、A-L. Barabási 提出的多事件生长网络模型和 Holmstrom、Milgrom 的多任务 Principal-Agent 模型，使原有模型成为新提出模型的一种特例，拓宽了它们的应用范围。

参考文献

[1] 杨家海、任宪坤、王沛瑜：《网络管理原理与实现技术》，北京，清华大学出版社，2000。

[2] Kahani M., Beadle HWP, *Decentralised Approaches for Network Management*, ACM SIGCOMM Computer Communication Review, 1997 (1): 36－47.

[3] Herman J., *Enterprise management vendors shoot it out*, Data Communication International, 1990, 11.

[4] Case J., Fedor M., Schffstall M., Davin J., *A Simple Network Management Protocol (SNMP)*, RFC 1157, May, 1990.

[5] Meyer K., Erlinger M., Betser J., Sunshine C., Goldszmidt G., Yemini Y., *Decentralising Control and Intelligence in Network Management*, Proceedings of International Symposium on Integrated Network Management, May, 1995.

[6] Ogawa S., Kamimura K., Kato T., Uehara T., Okuda H., *Performance analysis of hierarchical storage management systems for video retrieval system*, ICCE International Conference on Consumer Electronics, NJ. Piscataway. IEEE, 2001, 328－329.

[7] 曾俊军：《基于移动 Agent 的网络管理系统研究与设计》，西北工业大学学位论文，2005。

[8] So Y., Durfee E., Distributed Big Brother, 8th International Conference on Artificial Intelligence and Applications, 1992：295－301.

[9] 刘国刚：《面向用户网络管理的思想与系统设计》，《现代电信科技》2005 年第 2 期。

[10] Yemini Y., Goldszmidt G., *Network Management by Delegation*, 2nd International symposium of Integrated Network Management, April 1991.

[11] 孙学军：《计算机网络》，北京，电子工业出版社，2003。

[12] Tanion T., Ogawa T., *An algorithm for solving two-level convex optimization problems*, International Journal of System Science, 1984 (15): 163－174.

[13] 乌家培：《信息经济学与信息管理》，北京，方志出版社，2004。

[14] 何明珂：《物流系统论》，北京，高等教育出版社，2004。

[15] 张文杰、李学伟：《管理运筹学》，北京，中国铁道出版社，2000。

[16] Barabási A. L., Albert R., *Emergence of scaling in random networks*, Science, 1999 (286): 509－512.

[17] Albert R., Barabási A. L., *Statistical mechanics of complex networks*, Review of Modern Physics,, 2002 (74): 47－97.

[18] Barabási A. L., Albert R., Jeong H., *Mean-field theory for scale-free random networks*, Physica A, 1999 (272): 173－187.

[19] Albert R., Barabási A. L., *Topology of evolving networks: local events and universality*, Physical Review Letter, 2000, 85(24): 5234－5237.

[20] Krapivsky P. L., Redner S., Leyvraz F., *Connectivity of growing random networks*, Physical Review Letter, 2000, 85 (21): 4629－4632.

[21] 吴金闪、狄增加：《从统计物理学看复杂网络研究》，《物理学进展》2004 年第 1 期。

[22] Smith A.，The Wealth of Nations，New York：The Modern Library，1776.

[23] J. Von Neumann, O. Morgenstern，*Theory of games and economic behavior*，Princeton NJ：Princeton University Press，1944.

[24] Marschak J.，Radner R.，*Economic Theory of Teams*，New Haven：Yale University Press，1972.

[25] 马玥：《企业激励理论研究综述与展望》，《云南财贸学院学报（社会科学版）》2005 年第 3 期。

[26] Holmstrom B.，Milgrom P.，*Aggregation and Linearity in Provision of Intertemporal Incentives*，Econometrica，1987，55 (2)：303－328.

[27] Radner R.，*Monitoring Cooperative Agreement in a Repeated Principal-Agent Relationship*，Econometrica，1981，49 (3)：1127－1148.

[28] Mirrlees J.，*The Optimal Structure of Authority and Incentive within an Organization*，Bell Journal of Economics，1976 (7)：105－131.

[29] Holmstrom B.，*Moral Hazard and Obervability*，Bell Journal of Economics，1979 (10)：74－91.

[30] Laffont J. J.，Martimort D.，*The Theory of Incentives：the Principal-Agent Model*，Princeton, New Jersey：Princeton University Press，2002.

[31] 张维迎：《博弈论与信息经济学》，上海，上海人民出版社，2002。

[32] Weishi Lim，*A lemons market? An incentive scheme to induce truth-telling in third party logistic providers*，European Journal of Operation Research，2000，125 (3)：519－525.

[33] 刘志学、许泽勇：《基于非对称信息理论的第三方物流合作博弈分析》，《中国管理科学》2003 年第 5 期。

[34] Lee H.，Padmanabham V.，Whang S.，*The Bullwhip Effect in Supply Chains*，Sloan Management Review，1997 (38)：93－102.

[35] 梁静、蔡淑琴、吴颖敏：《信息共享程度对物流外包激励契约的

影响》，《中国管理科学》2006 年第 1 期。

[36] 王勇、罗富碧、林略：《第四方物流努力水平影响的物流分包激励机制研究》，《中国管理科学》2006 年第 2 期。

[37] 马新安、张列平、田澎：《供应链中的信息共享激励：动态模型》，《中国管理科学》2001 年第 1 期。

[38] Holmstrom B., Milgrom P., *Mutitask principal-agent analyses: incentive contracts, asset ownership, and job design*, Journal of Law, Economics and Organization, 1991 (7): 24 - 52.

[39] Hsiao J. M., Shieh C. J., Yang X. M., *Information Sharing Among Partners in Supply Chain by Using a Dynamic Muti-Task Principal-Agent Model*, Proceedings of the Fourth International Conference on Systems Science and Systems Engineering (ICSSSE'03), 2003.

第六章
物流信息网络的应用及发展

物流信息网络是物流网络的中枢神经系统，如同人的神经系统，它对整个物流网络起着指挥运作、反馈信息和辅助决策的作用。其最直观的作用就是影响各物流组织者的策略选择，从而影响实体的物流网络资源的配置过程。同时，合理的发展环境与发展策略是保证物流信息网络广泛应用的不可或缺的条件。

第一节　物流信息网络与物流网络资源优化配置

随着现代服务业的发展，资源配置问题已经成为许多研究者关注的焦点。然而为了解决这一问题，人们不得不面对一个复杂的系统。本书提出了一个在物流网络中如何解决资源配置问题的基本框架，它包括建模、仿真和分析。当研究系统在不同信息导向模式下的行为时，本书取得了一些有意义的结果。

一　物流网络资源配置问题

服务的执行和完成都需要考虑现有资源的可行性、有效性和经济性。资源的优化配置则反过来影响服务完成的质量。物流网络中的资源配置问题是目前生产领域、消费领域和流通领域共同关注的问题。尤其是我国政府大力倡导发展以物流业为代表的现代服务业的政策背景之下，由 2 万余家物流企业分散控制的我国物流网络还远没有达到资源整合和优化配置的程度。究其原因就是管理水平的低下直接导致了资源配置过程的低效。具体而言，其原因在于我国物流网络中的实体物流资源和虚拟物流资源没有得到协同运作。由于缺乏广泛的组织合作和无缝的信息导向，物流基础设施网络资源配置过程中的不合理现象频频发生，服务水平一直徘徊在较低层次[1]。如何解决此类问题？寻找一种资源配置模型和优化配置策略是关键。

（一）资源配置和相关问题研究

现实社会里的物流服务过程中许多现象都能够描述成为资源配置的问题。最近几十年，随着新的利润源泉不断被发现，现代计算机技术和信息技术的有力推动，资源配置模型的应用以及管理新理念的发展得到巨大进步。这样就导致了以下两个相对主题的产生：优化配置现有资源的管理机制，描述和分析能够适应经济发展的资源配置过程。

在物流网络资源配置问题（LNRAP）研究的开始，物流网络中结点上或者过程中的全体资源配置问题都值得注意。20 世纪最后的几十年物料资源计划（MRP）成为制造企业生产和库存资源管理的主要方法论[2]。当加入车间控制、能力需求计划和采购管理等进入一个统一的基于 MRP 的计划管理系统时，一个新的闭环计划系统——制造资源计划（MRP II）产生了[3]。Ebru K. Bish 等人提出了一个新的配置机制，它包括决策延迟、需求学习以及从管理的角度提供给那些柔性的、不可分割资源不同配置机制下的效力分析[4]。

相应的，在物流领域研究资源配置模型则是被运筹学以及计算机模拟技术等推动的。在 1978 年，Edmond 等提出了一个应用排队论模型处理在港口投资决策中集装箱泊位安排的解决方案[5]。Imai 研究了港口物流活动中的泊位配置问题（BAP）[6][7]。

他们的工作是基于排队论、多维背包模型以及拉格朗日松弛方法进行的。Partha Chakroborty 与 Durgesh Vikram 共同开发了一种线性混合整数规划来解决印度车站最优列车指派问题[8]。关于计算机模拟，Gambardella 在港口资源（如桥吊）的配置问题中利用仿真模型取得了一些成果[9]。在他的论文中，成功地结合了网络流和混合整数规划方法，但是更加强调的是仿真模型的功能讨论而非实际作业的具体调度。

（二）物流网络资源配置问题（LNRAP）介绍

物流网络的资源配置是涉及行业的横向配合和物流流程的纵向衔接，是一种网络型资源配置过程。这里对所研究的问题进行了如下的抽象。

首先，为简单起见，整个物流网络中包含运输和仓储两种基础资源，并分别由不同的物流企业支配。这些物流企业又分布在不同的城市。其中有些企业在多个城市都有基础设施，有些则专营一个城市的业务。

其次，客户的物流需求被分解为“运输需求”、“仓储需求”、“运输＋仓储需求”和“仓储＋运输需求”四大类。每个时间单位客户都将随机地产生以上的需求，当然也可以无需求，需求的具体参数也是随机地生成的。下一步就是资源配置中的主要工作——需求与资源的匹配。在这一过程中，在一定信息导向下，客户需求被企业或者企业集团所获得（投标或者分派的方式），也就是对资源的需求首先在物流组织网络层面进行配置。物流组织网络则在网络信息的导向下进行下一步的实体资源的优化配置。由于网络信息导向的不同，资源配置的策略也不同。

如果是全局信息导向模式，假定有一个能够进行全局控制的“自然”，它将按照物流企业资源利用的现状配置所有的物流资源，而不考虑企业的其他选择。“自然”仅仅将企业看做追求成本最低和利润最大的实体。

如果是局部信息导向模式，假设物流企业仅仅依据自身状况进行决策。资源配置的效率依赖于自身信息占有的数量。很明显，这种模式在现代的经济社会中是不可能长期存在的。

如果是混合信息导向模式，物流企业被看做是一个理性个体。物流企业不仅考虑“自然”环境下的博弈，还将根据企业当前的服务情况，选择适当牺牲既得利益去换取更高的服务水平，以获得长远利益。在介于全局的“自然”和局部的企业状况之间的信息导向下，物流资源的配置能够更加可行、灵活。

最后，需要对全局和混合两种信息导向模式下的物流网络资源优化配置策略进行模拟仿真，在不同评价指标下进行了对比分析。希望这些研究能够为现实中物流网络资源配置过程提供有意义的参考。

二 LNRAP 建模过程

（一）建模策略

物流网络中的资源具有很强的实时性、系统性和相关性。因此，这一过程的建模困难到不能仅仅凭借数学方法和工程手段来解决。本书认为物流信息能够在直接引导资源配置过程中发挥至关重要的作用。在宏观层次，计算机模拟应该与算法分析结合。在微观层次，路径优化、传统资源调配方法以及任务规划也应该考虑到资源配置过程中来。因而，建模策略应该包括战略、框架、方法、算法等。

（二）物流活动的一般仿真策略

优化选择的仿真实现方法已经被广泛地应用到现实中来[10][11]。其基本原则如下：资源配置的不同策略被输入到仿真模型（包括三种模型：事件进度表、活动扫描和进程交互），资源配置的最优策略则是选择所有策略中在相同参数和约束下仿真结果最好的。这种方法的框架如图 6 -1 所示，技术流程如图 6 -2 所示。

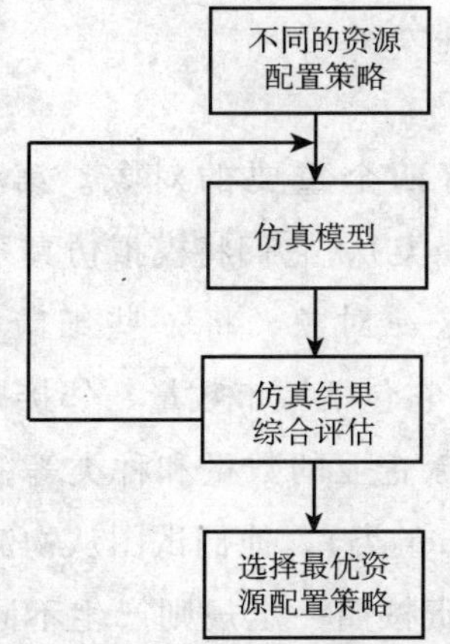

图 6－1 仿真策略的优化选择框架

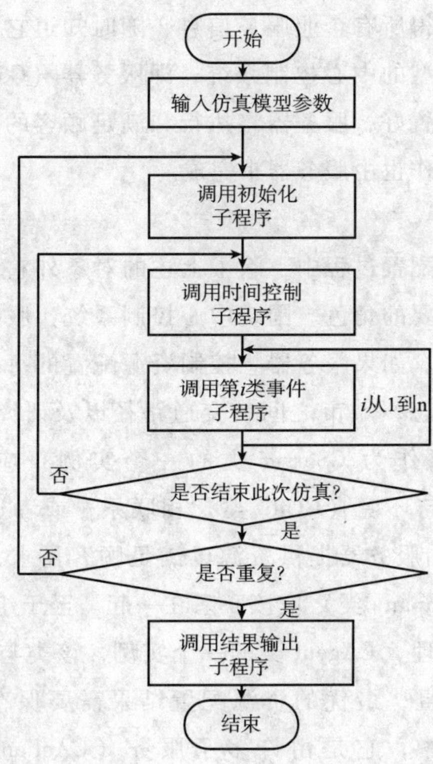

图 6－2 一般的技术流程

（三）重要的组成部分

1. 对象

在模型中，主要有四个重要的对象。第一个是环境对象（CCity 和 CCityMap 两个类），它们将模拟仿真系统置于一个确切的地理背景中。对于这一对象，将一些细节写入到一个名叫 map. txt 的文本文件中，它包括城市数量、邻接关系、任意城市间的距离以及每个城市物流企业的数量和种类等，便于读取。第二个对象是顾客（CCustomer 类），他们试图从物流网络中获取到最优的资源。这一对象负责按照一定规则产生不同的物流需求。第三个对象是物流服务提供者（CCompany 类），它描述了两类主要的物流组织：仓储提供商和运输提供商。另外，通过提供者对象，系统能够获得所有企业服务信息，随时知道它们的状态。最后一个对象是模型的中心控制系统，即服务器（CServer 类）。如果资源能够被配置好，服务器将执行和满足顾客的需求。一些初始化和统计的工作也由服务器来完成。

2. 关系

在物流资源配置过程中，除了上述的对象外它们之间的关系也扮演着极其重要的角色。围绕中心控制系统，服务器通过顾客需求连接着顾客。如果服务器想控制资源配置的每个细节，它必须知道城市的状态，城市之间的交通路径以及研究区域的地图。因此，服务器（作为 CServer 类的一个实例）应该通过地图（CCityMap 类）与环境（CCity 类）相联系，或者通过一条路径（CPath）。为了向服务器提供资源以满足顾客需求，服务器和资源提供者（CCompany 类）应该联系在一起。至于组织间的关系，可以通过服务代理（CAgent 类的一个实例，该类与 CCompany 类紧密相连）。而且，最优的资源配置结果需要保存在一个集合（CSolution 类）中，它是由许多子服务（CAction 类）组成的集合。

（四）仿真过程

仿真过程主要由以下几个核心步骤组成：

步骤一：提出一个新的顾客需求，同时产生一个物流服务需求链；

步骤二：为每个需求在组织层次选择一个服务代理；

步骤三：在一定信息的导向下，服务代理组织物流服务提供商形成一个相对应的服务链；

步骤四：通过对依赖于时间的解决方案总费用进行排序，预评估服务链的效率；

步骤五：基于评价结果和导向信息，物流服务提供商选择正式加入服务链或者退出；

步骤六：选择最优物流服务链形成最终解决方案；

步骤七：分解解决方案为一些子服务（Action），交由各类型服务提供商完成；

步骤八：为系统更新资源状态信息，然后返回步骤一。

（五）评价指标

评价指标的选择对于 LNRAP 问题的解决方案具有关键性的影响。根据物流运作的实际情况，应该集中关注成本、时间和服务水平三个要素。因此，评价的指标由三个主要指标组成。第一个是服务的成本，包括单元服务成本和服务链成本；第二个是时间指标，包括服务周期和资源等待时间；第三个是服务水平，则由需求满意率和资源利用率来衡量。

三　C + +的例子

（一）模拟仿真程序的概述

利用 C + +程序设计语言和 Microsoft Visual Studio 平台，对 LNRAP 问题进行仿真实现。下面的代码是在全局信息导向模式下的仿真主程序。

```
main(int argc, char* argv[])
{ CCustomer theCustomer;    CCityMap map;
CServer theServer;
    RequestPool myreqPool;
    int totalDays,day =0;    string file_name = "out-
putfig.txt";
    ofstream os(file_name.c_str());
    vector < AllcompSeq > compstaSeqs; //Record
    the status of resources.
    map.BuildMap("map.txt");
  theServer.LoadConfigurations("company.txt");
  start: compstaSeqs.clear();
    theServer.initPool ();          theServ-
     er.SetMax DiscountRate(10.0);
theServer. SetPrivInfor(1,0);
    cin >>totalDays;
    theServer.SetCityMap(&map);
  theCustomer.Initialize(&map,totalDays);
    theServer.InitComStaSeq ( totalDays );
    theServer. SetAllianNeed(false);
    for(day =0;day <totalDays;day + + )
    { rand(); cout << "Day " <<day +1 << ":" <<endl;
      theServer.Update(day);   CRequest request;
      if(theCustomer.GenerateRequest(day,request))
      {  if(request.type = =Storage)
   {bool aSuc = theServer.ProcessStorageRequest(re-
  quest,day);}
```

```
        else { if(request.type! =NullRequest)
    {bool bSuc = theServer.ProcessRequest ( request,
day);} }}}
    theServer.State(totalDays,os);
    .....
  end: return 0;}
```

这里对物流服务资源配置系统进行了为期 totalDays 个时间单元的仿真。有 15 个城市、3 个服务代理和 12 个物流企业（7 个运输服务提供商和 5 个仓储服务提供商）参与。函数 SetAllianNeed（）的功能是设置组织边界；函数 SetPrivInfor（）则是设置信息导向模式；而 GenerateReques（）和 ProcessRequest（）是用以产生顾客需求和完成需求所需资源的配置。如果是仓储需求，则直接调用 ProcessStorageRequest（）函数。

（二）全局信息导向模式下的仿真结果

在这种情况下，服务提供者必须服从全局信息指导下的中心控制系统指令。假设解决方案 sol 是 solSet 集合的一个元素。wastedTime 是该方案的资源等待时间，而 idealLong 为客户请求的一般完成时间。这里定义 sol. wastedTime = sol ［sol. size （） – 1］. executeDay + sol ［sol. size （） – 1］. duration-sol ［0］. startDay-request. idealLong。所以，

$$平均延迟时间 = \frac{\sum_i solSet[i].wastedTime}{solSet\text{ 集合中元素总个数}}$$

关于资源利用率，它等于消耗的资源与资源总量的比值。物流网络资源利用率则定义为资源消耗的总和与资源量及有效工作时间二者乘积的比值。

（三）混合信息导向模式下的仿真结果

如果 action. executeDay-action. startDay < action. duration × CompDiscountSpace（等待资源的时间可以限制在不超过子服务完成时间的一定范围内），则该子服务（Action）的资源提供者将利用这一信息与其合作伙伴进行互惠谈判，提供价格优惠。即 action. cost = action. cost × CompDiscountRate。但是，解决方案的费用是所有组成该方案的各类子服务成本的总和。这里取价格折扣率 CompDiscountRate = 0. 9，时间范围系数 CompDiscountSpace = 0. 2。

（四）对比与分析

从表 6 - 1 和表 6 - 2 可见，混合信息导向能够极大地削减物流服务成本。这是由于 CompDiscountRate 因子直接导致的结果，也是物流组织在信息条件相对完善的情况下为促进相互合作而产生的共赢性结果。在一定程度上，仿真结果还显示，在平均延迟时间和平均服务周期方面也得到了节省。由于不同的信息条件，一些企业的决策可能改变，一旦向全局优化的方向改变的话，这

表 6 - 1　全局信息导向下仿真结果

仿真周期	平均成本	平均延迟时间	平均服务周期	需求满意率	资源利用率(%)
100	85621. 7	1. 22059	22. 6765	0. 829268	42. 041
150	67443. 3	0. 811321	20. 5849	0. 868852	35. 5312
200	77056. 6	1. 34074	22. 6667	0. 865385	40. 2487
300	68071. 8	1. 14423	22. 5865	0. 870293	37. 8769

表 6 - 2　混合信息导向下的仿真结果

仿真周期	平均成本	平均延迟时间	平均服务周期	需求满意率	资源利用率(%)
100	77063	1. 21739	22. 6957	0. 841463	42. 6166
150	60842. 3	0. 792453	20. 566	0. 868852	36. 0103
200	69526. 6	1. 32593	22. 6519	0. 865385	40. 2999
300	62153. 4	1. 11483	22. 5742	0. 874477	39. 0549

就导致了整体效率的提高。但是有时候却不一定这么幸运。另一方面，在混合信息导向模式下，资源利用率一致呈现上升趋势，这种现象是混合信息导向模式的影响。混合信息导向模式给了有意向的企业以更多的机会利用其资源优势来满足客户需求。CompDiscountRate 在某种程度上帮助服务提供者以最低的价格赢得了物流服务的招标。在 300 个时间单位下的仿真实验能够更加清晰地体现混合信息导向模式的优势（图 6-3）。

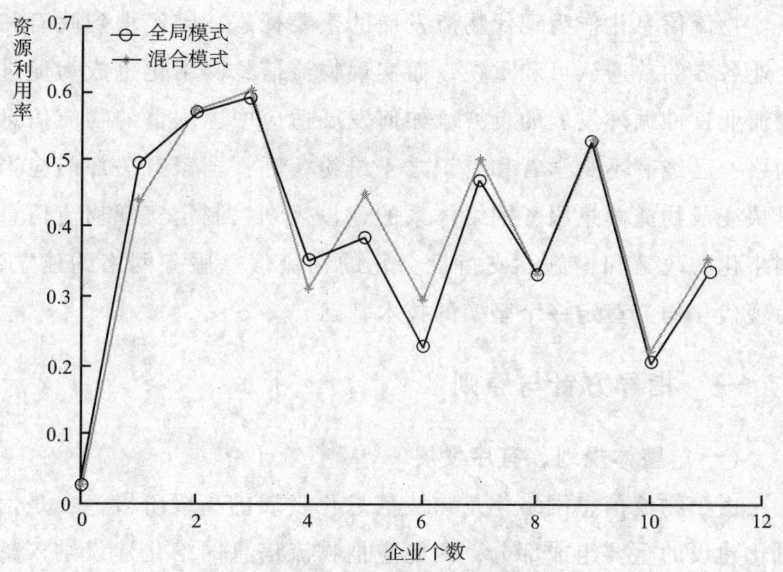

图 6-3　所有企业在不同信息导向模式下的资源利用率

如图 6-3 所示，混合模式下除了 No. 1 and No. 4 两个企业外，几乎所有的企业的资源利用率都超过了全局模式下的利用率。另外，由于 No. 8 企业较低的企业效率（每处理一个仓储单元出、入库需要 0.2 个时间单元，相反其他企业则只需要 0.1 个以下的时间单位），其资源利用率很难通过创新的管理模式来取得实质性的提高。

第二节　中国物流信息网络发展政策建议

中国物流事业经过二十多年的发展已经取得了可喜的成果，然而整个行业仍面临着一个核心问题：如何降低流通费用，提高流通效率。相比欧美国家的物流业的发展，我国物流业在信息化、网络化建设方面的水平较低是形成整体差距的最重要原因之一。物流信息化作为现代物流发展的重要标志，已经得到政府和企业各界的普遍认可和重视，而实现物流信息网络化也成为促进物流业良性循环发展的良方。如何发展适应中国国情的物流信息网络？已经有不少学者和有识之士纷纷疾呼：国家有关部门应当尽快完成物流信息服务网络体系的建设规划，制定实现物流信息网络化的政策和措施，支持社会化的物流信息服务网络的建立，为现代化物流奠定一个坚实的技术基础。

一　指导方针与原则

（一）整体规划，有序发展

由于物流信息网络化是物流信息化发展的高级阶段，也是信息化建设的重要组成部分，因此应把物流信息网络化建设纳入整个国家信息化建设的总体规划中。在物流信息基础化过程中，在条件允许的情况下对物流信息网络基础建设进行前期准备。同时国家应集中投入先期建设物流信息网络的骨干网络，以低廉的基础设施和务实的服务吸引社会化物流信息网络、物流信息系统的参与。

（二）两个结合，两个为主

一是软件与硬件相结合，以软件建设为主，即信息资源网建设与基础设施建设相结合，以资源网建设为主；二是国内与国际相结合，以国内建设为主，即为实现全球物流资源的共享，将国内与国外物流信息网络化建设相结合，其中以国内物流信息网络化建设为主。

（三）安全开放，共享竞争

在宏观方面，物流信息网络的系统开放性应该得到保障。物流信息网络化进程本质就是物流信息的社会化，通过系统的开放性才能保证整体的最优化。在微观方面，物流信息网络化建设应保证参与者在网络资源共享的同时能够自由、公平地竞争。共享与竞争矛盾地统一在一起，兼顾效率与公平。网络的安全性则是物流信息网络顺利运行的需要。

二　政策与措施

发展我国物流信息网络，制定配套的信息政策和建立、健全信息法是关键。美国《图书馆与情报学百科全书》将信息政策定义为：用来指导人们对信息生命周期进行监控和管理的一系列相互关联的原则、法律、方针、规章、规定和计划的集合体[12]。信息法是指调整信息活动中产生的各种社会关系的法律规范的总称。二者关系紧密，信息政策是信息立法的基础，信息法律是保障信息政策得以贯彻和实施的法律手段。在政策建设方面，美国和欧洲等西方发达国家的立法是值得借鉴的。例如 1966 年美国出台的《信息自由法》，以及 1933 颁布的涉及企业信息公开制度的《证券法》、《证券与交易法》；1982 年加拿大制定的《信息获取法》，等等。

（一）政策重点

物流信息网络政策需要通过信息政策与信息法来引导物流信息网络活动的进行和发展。针对目前我国物流信息网络化的现状与特点，物流信息网络政策应重点保障以下几个方面。

1. 要保证速度和效益辩证统一

“十一五”是我国信息化建设快速发展的时期，没有一定速度就难以迅速融入世界信息化发展的潮流，取得发展中的主动与优势。但是对于速度的追求必须以一定的效益作为支撑，即从物流企业多、规模小、信息资源还不很丰富的基本情况出发，建设广大中小企业用得起、用得好的网络化软、硬件信息基础设施和信息服务，探索低成本、高效益的信息化、网络化发展模式，开创既有发展速度又有实用效益的信息化建设新局面。并且，网络化建设更多的是需要网络的培育，需要网络参与者的付出，才能逐渐得到回报。因此，物流信息网络政策必须要保证政策的长效性和一贯性，重在长远利益，放眼未来的发展。

2. 要保证政策与环境的和谐

政府要从提供政策和制度保障着手，完善物流信息化、网络化发展的激励和约束机制，加大物流信息网络统筹规划、组织协调和建章立制，加强配套设施和环境的协调，综合平衡各方面关系。涉及企业、市场的立法应该更多考虑企业参与的积极性，通过法律、法规以及税收杠杆引导企业开放资源，协同共享，维持市场的稳定与繁荣。

3. 要保证安全与健康的发展方向

坚持快速发展与安全可控相结合，以安全保发展，在发展中求安全。始终把信息安全、网络安全放在至关重要的位置。发展自主可控信息技术与加强信息安全管理并重，加快建设信息网络安全基础设施。发展信息安全产业，争取掌握信息安全工作的主动权。加强信息网络安全与诚信的立法，通过物流需求方的信息反馈，监督和评价物流信息网络服务，确保物流信息网络的健康、可持续发展方向。通过适应物流信息网络建设和管理的人才培养，推动整个网络的健康发展。

（二）具体措施

为促进物流信息网络的发展，建议采取的措施包括以下方面。

1. 建立以高性能网络为核心的信息基础设施

应根据物流信息特点，建立具有先进性、实用性和稳定性的信息采集、处理、发布网络平台和高性能主干节点传输网络，网络系统结构要统一规划、统一标准，并保证网络系统良好的扩展性、开放性及持续发展能力，为物流信息循环流动创造物质条件。

2. 建立大型动态库

建立如数据仓库、资源池等一些大型的动态资源库，为企业生产、经营决策提供实时动态信息，为物流服务提供动态的全程信息参考。这是建设现代物流信息服务网络的一项核心内容。因此，应面向社会及时采集来源于企业各流通环节上的信息，并对数据进行归纳、整理和更新，让大量及时、有序的多媒体信息在网上流通。

3. 重视推广运用先进通用的物流信息网络应用系统和技术

针对不同的物流业经营形式，应采用不同的技术路线和解决方案，建立起与物流业相适应的技术体系。例如，可以建立物流可视化跟踪网络，实现对储存、分配、运输货物进行管理域内的综合管理。不仅能够对网络内货物的状况进行“透明式”监控，并能以可视化的方式实时查询和显示，使自动化系统、分配系统、存储系统和运输系统同步实现数字化管理，而且能够实现相关物流服务之间同步的互操作，实现更广阔空间的资源优化配置。

4. 重视信息网络化发展过程中信息服务内容的管制和净化

信息内容的核查作为物流信息网络建设过程中一项具体的管理工作应该受到重视。例如欧盟国家对于信息服务内容的管制就非常严厉，如果ISP（信息服务提供商）在接到权利人的通知之后不立即做出有效行动关闭侵权网站，就会承担法律责任；有的成员国甚至规定ISP必须及时把侵权者的有关信息提供给权利人。另外，应该禁止传播物流信息服务提供商的私有信息，关乎国计民生的战略信息、机密信息应该受到保护，不能随意复制和传播。

5. 发展智能型决策系统建设，推进知识型信息网络

物流信息网络是物流信息化的高级阶段，物流信息也随之以更高级别的形式出现——物流知识、物流智慧。网络型的发展更加便利了专家资源、专属设备的远程使用。这样，更多的知识库、企业外脑将通过物流信息网络的传递实现网络共享和协同，从而能够帮助网络上的物流企业提升竞争能力。

第三节　小结

本章主要讨论的是物流信息网络应用涉及的问题。物流信息网络的应用最直观的作用就是影响各物流组织者的策略选择，从而影响实体的物流网络资源的配置过程。另一方面，合理地发展内外部环境是保证物流信息网络功能实现的基本条件。

在物流网络理论的推动下，本章考虑了基于面向对象系统设计的物流网络资源配置问题建模、仿真和分析。提出了在解决LNRAP问题中信息导向的重要作用。更加特别的是，本章发现即使是牺牲当前的既得利益，在混合信息导向下企业仍能获得更高层次的服务和长期的发展。对于逐渐发展的电子商务而言，这些优势将越来越关键。

政策建议方面，借鉴信息管理上的成功经验，结合我国物流产业的实际，本章简明扼要地提出了物流信息网络应用与发展过程中的指导方针、原则、政策以及具体措施。

参考文献

[1] 徐杰、鞠颂东：《物流网络内涵分析》，《北京交通大学学报（社会科学版）》2005 年第 4 期。

[2] Joseph Orlicky, *Materials requirements planning*, New York: McGraw-Hill, 1975.

[3] Wight O. W., *Manufacturing resource planning*: *MRP II*, New York: John Wiley & Sons Inc., 1981.

[4] Bish Ebru K., Lin Kyle Y., Hong Seong-Jong, *Allocation of flexible and indivisible resources with decision postponement and demand learning*, European Journal of Operational Research, 2008, 187 (2): 429 - 441.

[5] Edmond E. D., Maggs R. P., *How useful are queue models in port investment decisions for container berths*, Journal of the Operational Research Society, 1978, 29 (8): 741 - 750.

[6] Imai A., Nagaiwa K., Chan C. W., *Efficient planning of berth allocation for container terminals in Asia*, Journal of Advanced Transportation, 1997, 31 (1): 75 - 94.

[7] Imai A., Nishimura E., Papadimitriou S., *The dynamic berth allocation problem for a container port*, Transportation Research B, 2001, 35: 401 - 417.

[8] Chakroborty Partha, Vikram Durgesh, *Optimum assignment of trains to platforms under partial schedule compliance*, Transportation Research B, 2008, 42 (2): 169 - 184.

[9] Gambardella L. M., Rizzoli A. E., Zaffalon M., Simulation and planning of an intermodal container terminal, Simulation, 1998, 71 (2): 107 - 116.

[10] Joshi B., Morris D., Whites N., Unal R., *Optimization of operations resources via discrete event simulation modeling*, Proceedings of 6th

AIAA/USAF/NASA/ISSMO Symposium on Multidisciplinary Analysis and Optimization, 1996, 1 – 7.

[11] Feng Huifang, *Simulation and optimization for check out counter of supermarket*, Journal of System Engineering, 2001, 19 (2): 61 – 65.

[12] Hernon P., Relyea H. C., Information policy, Encyclopedia of Library and Information Science. vol. 48, New York: Marcel Dekker, 1991, 176.

第七章 总结

第一节 主要结论及创新

物流信息的研究一直是现代物流研究中最活跃的部分。信息通讯技术、网络技术、射频技术、管理信息系统等新兴技术层出不穷，物流信息在现代物流管理中的作用进一步凸现。近年来，资源外用已经成为企业的共识，物流信息网络化作为物流资源共享的有效途径已经得到了各界的广泛重视。但是，一边是全局整体物流信息资源总量和企业可用物流信息资源数量同时扩大，一边是物流信息利用率迟迟得不到提高。面对这一矛盾人们首先想到的是从技术的角度来解决。值得庆幸的是，计算机技术、网络技术的突飞猛进，特别是20世纪末发展起来的网格技术的成熟，已经使得人们对于大规模、并行分布式业务的处理能力大大加强。但是，物流信息网络的低效和无政府状态依然不能从根本上得到遏制。因此，本书认为目前人们在物流信息处理上面临的不仅仅是一个技术问题，更是一个管理问题。没有一个合理的管理模式与网络环境相适应，没有管理和技术两个因素的有机融合，物流网络资源的共享和协同运作将难于实现。为了从根本上解决这些问题，本书通过对网络的构建、模型分析到运作管理三个层面的系统研究，以物流网络资源共享和运作协同为目标论证了适应网格环境的物流信息网络的合理性、可行性和高效性。通观全书，可以初步归纳出以下结论：

（1）社会、市场、企业的需求共同决定了物流信息网络化的发展趋势。与此同时，进行物流信息网络的探索具有较强的理论意义和实践价值，尤其将极大地促进中国物流信息化的建设。

（2）物流网络需要与网格技术有机融合。融合的形式可以是多样的，但是就现阶段而言，适应网格环境的物流信息网络的结合形式更加可行，更具发展前景。

（3）立体层次结构的物流信息网络框架实现了服务虚拟化，在网格环境中将用户需求向物理资源逐层映射，使应用与硬件相分离，增加了服务过程的灵活性，可以做到按需服务。

（4）基于 OGSA 的物流信息网络框架从功能模块和 Web Services 接口两方面保证了物流信息网络在技术层面的可行、安全和高效。在网格服务（Grid Service）支持下，用户、服务供应和服务环境的管理能够实现服务协同的一致性和资源共享的高效性。

（5）根据实际物流信息网络体系构建的物流信息网络模型（LINM）体现了网络中个体行为方式的差异以及网络动态的层次化结构特征。模型推导和模拟仿真的结果论证了 LINM 节点的度服从幂律分布，说明了所构建的物流信息网络是一个无标度网络，具有较好的鲁棒性。结合物流信息网络的管理问题，所构建的物流信息网络模型表现出高连通性和较强的集团化水平等良好的网络效率。论证的结果从理论上支持了现实中物流信息网络的建设。

（6）根据网络管理的基本思想，将物流信息网络运作管理的认识上升到一定的理论高度，从静态的物理资源管理发展到动态的网络运作管理，论证了面向物流信息服务进行网络运作管理的重要性。通过对物流信息网络运作管理原则与方法的研究，使兼顾全局利益和可持续发展目标的物流信息网络运作管理的实施有据可依。

(7) 以物流信息网络运作管理过程中的控制机制和激励机制设计为代表，将集中与分散相结合的管理架构以及面向服务的管理思想应用到运作管理实施的细节之中，充分贯彻网络全局最优性、网络通透性、网络活动经济性、权利与义务平等性、环境相容性等网络管理原则，有利于物流信息网络运作管理的实践。

(8) 提出的运作管理网络控制策略，不仅能很好地控制网络的规模与结构，也便于网络的宏观管理和趋势分析；设计的网络信息激励策略将信息激励因素引入激励过程中，从多方面影响了物流信息网络中的行为和利益分配，从微观层面影响了整个物流信息网络运作过程。

本书抓住了目前中国国民经济发展中需要重点规划的问题——物流信息化建设以及物流信息资源的共享与整合问题作为主要研究对象，符合全国大力推动信息化建设和物流服务行业的发展战略，也是各级政府、广大学者和企业界共同关注的焦点。全书的主要创新之处在于：

(1) 通过对适应网格环境的物流信息网络构建、分析及运作管理的系统研究，建立了物流信息网络研究领域的理论架构，充实了物流网络理论体系，丰富了现代物流管理理论，也为同类型问题的解决开辟了新的思路。

(2) 为实现物流网络与网格技术的融合，提出了以五层沙漏结构和OGSA网格框架为基础的物流信息网络基本框架。这一框架不仅借助了网格的技术手段，还成功地将网格理论中面向服务、服务虚拟化的新思想应用到物流信息网络构建之中。

(3) 运用复杂网络（Complex Networks）、非线性最优化等理论的逻辑论证，结合计算机模拟仿真，构建了物流信息网络模型(LINM)，继而从技术实现、定性分析、模型推导等多个角度，阐述了适应网格环境的物流信息网络管理模式的合理性和有效性。

（4）开展了物流信息网络管理的理论研究，并提出了适应网格环境的物流信息网络运作管理的网络控制策略，设计了包含信息激励因素的网络激励策略，使得整个物流信息网络运作过程微观、宏观可控。另外，根据物流信息网络运作管理的实际情况推广了原有的 R. Albert 和 A. L. Barabási 的多事件生长网络模型与 Holmstrom 和 Milgrom 的多任务 Principal-Agent 模型，使它们适用于新的研究领域。

第二节　需要进一步研究的问题

适应网格环境的物流信息网络的研究涉及的问题比较多，在本书研究的基础上还有许多工作需要继续深入。例如，在物流信息网络运作管理的控制机制设计过程中，对于物流信息网络在某些不稳定阶段必然存在的节点中途退出情况（网络中的去点事件）的研究；节点跃迁的网络管理方法在动态环境下的分析；多阶段的信息激励机制设计等。这些研究将会使得物流信息网络的研究更加贴近现实，也将对于完善物流信息网络理论体系作出贡献。

另一方面，由于物流信息网络和网格在意识上的超前性以及中国物流信息化的实际状况，切合本书研究主题的可用实证材料寥寥无几。很少有国内企业或组织能够达到理论研究所要求的标准，相应的研究参考也很少。本书的目的是基于目前物流信息化建设的实际情况寻找一条物流信息化建设的合理发展路径。正是由于这里提出的理论既源于实际又超前于实际，所以本书适时地采用计算机技术、数理模型分析等手段来仿真和分析超大规模的社会物流信息网络。

虽然目前对于物流网络特别是物流信息网络的研究还有很多困难需要克服，但是我们有信心沿着本书的思路对物流信息网络领域继续进行深入的探索，为物流网络理论与方法的发展与创新作出贡献。

附录一
LINM 仿真过程中的子函数

1. pattachment () 函数

```
function y = pattachment (B,M0,tm,ra)   % 偏好依附过程
% A network B with M0 initial nodes, the function the tm node
len = length (B);
if tm + M0 < = len
  sum_ ki = sum(sum(B(1 : M0 + tm - 1, 1 : M0 + tm - 1))) + tm + M0 - 1;
  sum_ i = 0;
  for tmp = 1 : M0 + tm - 1
    sum_ i = sum_ i + sum (B (:, tmp)) +1;
    if sum_ i /sum_ ki > = ra
     y = tmp;
      return
    end
  end
end
```

2. rattachment () 函数

```
function y = rattachment (B, M0, tm, ra)  % 随机选择过程
len = length (B);
if tm + M0 < = len
  for tmp = 1: M0 + tm - 1
    if tmp / (M0 + tm - 1) > = ra
     y = tmp;
       return
    end
  end
end
```

3. CreateBA () 函数

```
function CreateBA ()  % 生成 BA 网络并保存到文件中
clear;
N = 1000;
M_ e = 3;
N_ e = 8;
M0 = 10;
p = 0.2;
eds = round(N_ e * p + M_ e * (1 - p));
N_ e * p + M_ e * (1 - p), eds
% initialization networks with grid node;
A = zeros(N);
for i = 1: M0
  for j = 1: M0
```

```
        A(i, j) =1;
        if i = =j
          A(i, j) =0;
        end
      end

    end
    T =N - M0;
    % rand seed injected;
    rand('seed', prod(clock))
    for t =1: T
        r_ p =rand(1);
          % add a normal node;
        for j =1: eds
          y =pattachment(A, M0, t, rand(1));
          while A(y, M0 +t) >0
            y =pattachment(A, M0, t, rand(1));
          end
          A(y, M0 +t) =1;
          A(M0 +t, y) =1;
        end
    end
    % save the networks in a file with linking ma-
trix
    fname = strcat('BA&M0 =', num2str(M0),'&N =',
num2str(N),'&eds =', num2str(eds));
    fname =strcat(fname,'.mat');
    save(fname,'A');
```

4. CreateSW () 函数

```
function CreateSW()   % 生成 Scale-free 网络并保存到文件中
clear;
N=1000;
M_e=3;
N_e=8;
p=0.2;
eds=round(N_e*p+M_e*(1-p));
N_e*p+M_e*(1-p), eds
% initialization networks with grid node;
A=zeros(N);
% rand seed injected;
rand('seed', prod(clock))
for i=1: N
    for j=i+1: i+eds-1
      t=j;
      if j>N
        t=j-N;
      end
      A(i, t)=1;
      A(t, i)=1;
    end
    ts=0;
    rp=rand(1);
    for j=1: N
      if ((j<=i)|(j>=i+eds))
        ts=ts+1;
```

```
            if(ts/(N-eds+1) >rp)
             A(i, j) =1;
             A(j, i) =1;
                 break;
          end
        end

      end
    end
    % save the networks in a file with linking ma-
trix
    fname=strcat('SW&N=', num2str(N),'&eds=',
num2str(eds),'&Ne=', num2str(N_e),'&Me=',
num2str(M_e),'&P=', num2str(p));
    fname=strcat(fname,'.mat');
    save(fname,'A');
```

5. **Lmin() 函数**

```
    function lr = Lmin(fname)    % 计算网络的平均路
径长
    load(fname,'A')
    % degree distribution
    n=size(A, 2);
    for(i=1: n)
      for(j=1: n)
       % R(i, j) =j;
        if(i~=j&A(i, j) ==0)
              A(i, j) =Inf;
```

```
    end
  end;
end     % 赋路径初值

for (k=1: n)
    for(i=1: n)
    for(j=1: n)
      if(A(i, k) +A(k, j) <A(i, j))
         A(i, j) =A(i, k) +A(k, j);     % 更
                          新 d_ij
        % R(i, j) =k;
      end;
    end;
  end                    % 更新 r_ij
% k;     % 显示迭代步数
% A;      % 显示每步迭代后的路径长
% R;      % 显示每步迭代后的路径
 pd=0;
 for i=1: %n含有赋权时
   if(A(i, i)<0)
       pd=1;
       break;
     end;
  end % 存在一条含有顶点 v_i 的负回路
  if(pd)
  break;
  end                    % 存在一条负回路，终止程序
  k
```

```
end % 程序结束

for(i =1: n)
  for(j =1: n)
   % R(i, j) =j;
    if(i > =j)
       A(i, j) =0;
    end
  end;
end
lr =2 * sum(sum(A)) /(n * (n -1));
return
```

6. **Clus() 函数**

```
function Clus(fname)  % 计算网络的集聚系数
load(fname,'A')
% degree distribution
s =size(A, 1);
sumci =zeros(s, 1);

for i =1: s
  sumc =0;
  tt =0;
  for j =1: s
    if A(i, j) >0
       for t =j +1: s
         if A(i, t) >0&A(j, t) >0
             sumc =sumc +1;
```

```
        end

      end
      tt=tt+1;
    end

  end
  if tt*(tt-1)==0
    sumci(i)=0;
  else
    sumci(i)=2*sumc/(tt*(tt-1));
  end

end
sr=sum(sumci)/s
```

附录二 多事件物流信息网络控制机制模拟程序

1. cnm() 函数

```
function cnm()
clear;
N =1000;
m =3;
M0 =6;
p =0.2;
q =0.1;
r =0.1;
min3 =1 - p;
if (1-p +2 * m * p) /(1 +2 * m) <min3
 min3 =(1-p +2 * m * p) /(1 +2 * m);
end
if (1 -p) * (1 +m) /(1 +2 * m) <min3
  min3 =(1 -p) * (1 +m) /(1 +2 * m);
end
if q + r >min3
  tt ='Sorry, parameter error!'
```

```
  return
end
% initialization networks with grid node;
A = zeros(N);
for i =1:M0
  for j =1:M0
   A(i, j) =1;
   if i == j
     A(i, j) =0;
     end
  end

end
T = N - M0;
% rand seed injected;
rand('seed', prod(clock))
for t =1: T
  r_p = rand(1);
  if r_p < =p
   % noly to add m edges;
   for j =1:m
     % to choice a beginning node randomly.
     r_m = rand(1);
     if r_m==1
        tmp = N
     else
       tmp = floor(r_m * N) +1;
     end
```

```
sums =0;
for i =1: N
  if(sum(A(i,:)) ~=0)
    sums = sums +1;
  end
end
while sum(A(tmp,:)) ==0
  r_m = rand(1);
  if r_m ==1
    tmp = N
  else
    tmp = floor(r_ m * N)  +1;
  end

end
while sum(A(tmp,:)) == sums -1
  r_m = rand(1);
  if r_m ==1
    tmp = N
  else
    tmp = floor(r_m * N) +1;
  end
end
y = pattachment_r(A, tmp, rand(1));
while A(y, tmp) >0
  y = pattachment_r(A, tmp, rand(1));
end
A(y, tmp) =1;
```

```
    A(tmp, y) =1;
  end
else
  % to relink m edges.
  if r_ p< =p+q
    for j=1: m
      % to choice a beginning node randomly.
      r_m = rand(1);
      if r_m ==1
        tmp = N
      else
        tmp = floor(r_ m * N) +1;
      end
      while (sum(A(tmp,:)) ==0)
        r_m = rand(1);
        if r_m ==1
          tmp = N
        else
          tmp = floor(r_m * N) +1;
        end
      end
      % to choice a edge belonging to the tmp
node randomly.
      r_ m1 = rand(1);
      t_ sm =0;
      for i =1: N
        t_ sm =t_ sm + A(tmp, i);
        if t_ sm/sum(A(tmp,:)) > =r_ m1
```

```
        break
      end
    end
    A(tmp, i) =0;
    A(i, tmp) =0;
    y =pattachment_ r(A, tmp, rand(1));
      while A(y, tmp)  >0
        y =pattachment_ r(A, tmp, rand(1));
        end
    A(y, tmp) =1;
    A(tmp, y) =1;
  end
else
  % to remove m edges.
  if r_ p <p +q +r
    for j =1:m
      % to choice a beginning node randomly..
      r_m =rand(1);
      if r_m ==1
          tmp =N
       else
         tmp =floor(r_ m * N) +1;
      end

      while (sum(A(tmp,:)) ==0)
         r_ m =rand(1);
         if r_m ==1
         tmp =N
```

```
            else
            tmp = floor(r_ m * N)  +1;
            end
        end
        % to remove a edge belonging to the tmp node
randomly.
        r_ m1 = rand(1);
        t_ sm = 0;
        for i = 1: N
        t_ sm = t_ sm + A(tmp, i);
        if t_ sm/sum(A(tmp,:)) > = r_ m1
          break
         end
      end
              A(tmp, i) = 0;
               A(i, tmp) = 0;
            end
          else
            for j = 1:m
              y = pattachment_ r(A, M0 + t, rand(1));
              while A(y, M0 + t) > 0
                y = pattachment_ r(A, M0 + t,rand(1));
                 end
              A(y, M0 + t) = 1;
              A(M0 + t, y) = 1;
            end
         end
      end
```

```
    end
  end
  % degree distribution
    sum_ v = sum(A);
    sm = max(sum_ v) * 10;
    deg_ k = zeros(1, sm);
  for i =1: N
    if(sum_ v(i) ~ =0)
       deg_ k(sum_ v(i))  = deg_ k(sum_ v(i)) +1;
    end
  end
   deg_ k = deg_ k/sum(deg_ k);
   k =1: sm;
   Afun = (p - q - r) *(2 * m *(1 - q - 2 * r)) ./((1 - p - q -
         r) * (1 - r)) +(p - q - r)./(1 - r) - r./(1 - r);
    Bfun =(2 * m *(1 - q - 2 * r) +(1 - p - q - r)). /((1 -
          r) * m);
    Cfun =((m + Afun +1) ./(k +1 + Afun)) .^(Bfun);
    for i =1: sm
      if Cfun(i) <1 & Cfun(i) >0
        Cflag =1;
      else
        Cflag =0;
     end
  end
  Dfun =((Afun + m +1) .^Bfun) * Bfun;
  pk =(T/(M0 + T)) * Dfun * (k +1 + Afun) .^( -1 -
     Bfun);
```

```
% 作图过程
  loglog(1: sm, deg_ k,'ro');
  hold on;
  loglog(k, pk,'g*');
  hold on;
  loglog(k, k.^(-2),'k:');
  hold on;
  loglog(k, k.^(-3),'k:');
  legend('the Simulation of Model ','the Theoretic Curve of Model','the Exponent is -2','the Exponent is -3');;
  hold off
  xlabel('k');
  ylabel('p(k)');
  title('Log-Log Degree Distribution');
```

2. pattachment_ r() 函数

```
function y=pattachment_ r(B, n_ node, ra)
% 子函数 pattachment_ r(), 排除了重复连接的情况
len=length(B);
sum_ ki=0;
for i=1: len
  if (i~=n_ node & sum(B(i,:))~=0)
    sum_ ki=sum_ ki+sum(B(i,:)) +1;
  end
end
sum_ i=0;
for i=1: len
```

```
    if (i ~ =n_ node & sum(B(i,:))~ =0)
      sum_ i =sum_ i + sum(B(i,:))  +1;
      if sum_ i /sum_ ki > =ra
        y =i;
        return
     end
   end
end
```

附录三 描述网络规模与不同信息激励因子之间关系的程序

```
% 变量初始化
% 不同网络规模下的最优信息激励因子变化曲线的描述
delta22 =3.5;
ro =0.3;
b =11;
smg = 'Initial constrains OK!';
er = 'error! ';

for n =30: 5000
  a1 =4 * n * delta22 * ro;
  a2 =(4 * n * delta22 * ro - n);
  a3 = -(n +8 * ro * delta22 * b);
  a4 = -4 * b;
  a5 = -4 * b;
  if 4 * ro * delta22 > =1
   smg;
   rs =roots( [a1 a2 a3 a4 a5]);
   pn(n) =rs(2);
```

```
  else
    er
    return;
  end
end
```

% 不同网络规模下的较小最优信息激励因子下的多条 dr/dn 变化曲线的描述

```
hold on
n =30: 5000;
r =0.1;
fn =(4 * ro * delta22 * r.^2 +(4 * ro * delta22 -1)
* r -1) * r.^2;
fr =16 * n * ro * delta22 * r.^3 +3 * n * (4 * ro *
    delta22 -1) * r.^2 -2 * r * (n +8 * ro * del-
    ta22 * b) -4 * b
;
format short;
rn = -fn./fr;
plot(n, rn,'r -')
hold on;
r =0.15;
fn =(4 * ro * delta22 * r.^2 +(4 * ro * delta22 -1)
* r -1) * r.^2;
fr =16 * n * ro * delta22 * r.^3 +3 * n * (4 * ro *
    delta22 -1) * r.^2 -2 * r * (n +8 * ro * del-
    ta22 * b) -4 * b
```

```
format short;
rn = - fn. /fr;
plot(n, rn,'g -')
hold on;
r =0.2;
fn =(4 * ro * delta22 * r.^2 +(4 * ro * delta22 -1)
* r -1) * r.^2;
fr =16 * n * ro * delta22 * r.^3 +3 * n * (4 * ro *
    delta22 -1) * r.^2 -2 * r * (n +8 * ro * del-
    ta22 * b) -4 * b
;
format short;
rn = - fn. /fr;
plot(n, rn,'b -')
xlabel('n')
ylabel('dr/dn');
hold off;
```

后 记

凡物有理，是流有道。物流理论的辨析如曲径通幽，如拨云见日，又如余音绕梁，让人慨叹其奇妙魅力。感谢导师鞠颂东教授将我引入物流网络这一研究领域，也让我开始领悟到了物流理论研究的博大精深与无穷魅力。

本书是在我的博士论文的基础上，综合近几年来研究所得，几易其稿而成。在即将出版之际，首先要感谢导师鞠颂东教授的悉心指导。导师对本书的写作和修改倾注了大量的心血，从拟题到最后完善，他都字斟句酌地批阅。鞠颂东教授宁静淡泊的为人处世、孜孜不倦的求索精神、严谨的治学态度、敏锐的学术洞察力对我产生了极大的影响，一直鞭策着我为人、为学。走上工作岗位后，导师和师母刘铭心老师从工作、生活的各方面都给予我最大的支持和鼓励。在此，谨向敬爱的导师和师母致以最衷心的感谢和最诚挚的敬意！

在学习和工作期间，中国工程院徐寿波院士给予我最无私的帮助与指导。徐院士长者的风范和学者的睿智令我敬佩不已，每一次聆听院士的教诲都受益匪浅。谢谢徐院士长期以来的支持与帮助！

泛美得克萨斯大学数学系的冯兆生教授对我的科研进展一直非常关心，尤其在数学方法上给了我许多很好的建议和帮助。在此，向冯老师表示由衷的谢意。

同时感谢清华大学经管学院仝允桓教授，中国人民大学商学院宋远方教授，中国物流学会丁俊发研究员、戴定一研究员，北京交通大学经管学院刘延平教授、詹荷生教授、刘伊生教授、王耀球教授、张真继教授、汝宜红教授、穆东教授、张润彤教授和张菊亮副教授等专家、学者对我的研究提出的宝贵意见，感谢他们在本书的酝酿、撰写、讨论及修改过程中的大力支持。

北京交通大学经济管理学院物流网络工程研究所的徐杰副教授、王冬梅副教授、路海平副研究员、周建勤老师、耿勇博士、刘轫博士、衣春光博士、王都、黄芳、陈立、黄树林、王渭、张军、刘德、董军、李佳成等同门给了我热情的帮助和支持，在此向他们表达我深深的感激。同时也感谢陈炜博士、蔡永明博士、李明惠等博士生同学给予的无私帮助。

在论文写作过程中，我参考了大量的文献资料，启迪颇多，在此向这些文献的作者表示感谢。

最后，还要感谢我的父母、爱人李乐、妹妹文娟多年的鼓励与支持，是你们使我更加专注于自己的研究，帮助我克服了一个又一个的困难。谨以此书献给你们，以表达我深深的爱。

卞文良

2008 年 3 月于红果园

·现代物流网络理论丛书·

物流信息网络：构建与运作

著　　者／卞文良

出 版 人／谢寿光
总 编 辑／邹东涛
出 版 者／社会科学文献出版社
地　　址／北京市东城区先晓胡同 10 号
邮政编码／100005
网　　址／http：//www. ssap. com. cn
网站支持／（010）65269967
责任部门／财经与管理图书事业部（010）65286768
电子信箱／caijingbu@ ssap. cn
项目负责／周　丽
责任编辑／张景增　刘亚楠
责任校对／李梦恋
责任印制／岳　阳

总 经 销／社会科学文献出版社发行部
（010）65139961　65139963
经　　销／各地书店
读者服务／市场部（010）65285539
排　　版／北京步步赢图文制作中心
印　　刷／三河市世纪兴源印刷有限公司

开　　本／787×1092 毫米　1/20
印　　张／12. 5
字　　数／194 千字
版　　次／2008 年 9 月第 1 版
印　　次／2008 年 9 月第 1 次印刷

书　　号／ISBN 978-7-5097-0273-4/F·0098
定　　价／35. 00 元

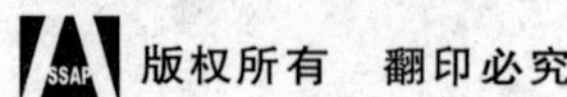